Effortless Change

by
Andrew Wommack

Effortless Change
ISBN: 978-1-907159-46-6
ⓒ 2010 by Andrew Wommack Ministries - Europe
P.O.Box 4392, Walsall, WS1 9AR, England

Korean, Korea Edition Copyright
ⓒ 2014 by Word of Faith Co.
All rights reserved.

노력 없이 오는 변화

발행일 2014. 3. 15 1판 1쇄 발행
　　　　2024. 7. 30 1판 3쇄 발행

지은이　앤드류 워맥
옮긴이　반재경
발행인　최순애
발행처　믿음의 말씀사
2000. 8. 14 등록 제 68호
우)16934 경기도 용인시 기흥구 신정로 301번길 59
TEL 031) 8005-5483 FAX 031) 8005-5485
http://faithbook.kr

ISBN 89-94901-53-1 03230
값 15,000원

본 저작물의 저작권은 '믿음의 말씀사'가 소유합니다.
저작권법에 의해 보호를 받는 저작물이므로 무단 전재와 복제를 금합니다.

노력 없이 오는
변화

앤드류 워맥 지음 | 반재경 옮김

믿음의말씀사

| 목차 |

서문 _ 7

1장 안에서 시작되는 변화 _ 11
2장 말씀을 묵상하기 _ 25
3장 말씀하시는 하나님 _ 37
4장 변화를 받는 것 _ 51
5장 혼(soul)을 변화시키기 _ 67
6장 당신도 의심할 수 있습니다 _ 77
7장 위기의 상황 _ 91
8장 "절대 포기하지 말라!" _ 103
9장 어떤 것보다 확실한 말씀 _ 119
10장 마음으로 읽기 _ 137

11장　씨 _ 149

12장　이해 _ 163

13장　뿌리를 내리고 세워져 가기 _ 179

14장　핍박 _ 195

15장　내가 깨달은 계시 _ 207

16장　기운이 막힘! _ 215

17장　더 적은 것이 필요함 _ 229

18장　성장 과정 _ 237

19장　생명과 능력 _ 251

예수님을 구주로 영접하는 기도 _ 263

성령세례를 받는 기도 _ 264

> 당신이 이해하는 방법을
>
> 완전히 바꿔서
>
> 변화에 접근하라

서문

노력 없이 오는 변화 – 불가능하게 들립니다. 그러나 말씀은 하나님의 나라가 그렇게 역사한다고 계시하고 있습니다.

대부분의 사람들은 변화를 어렵고 고통스러우며 애쓰는 과정으로 이해하고 있습니다. 그들은 자신들의 생각, 행동, 환경을 변화시키려면 엄청난 노력이 필요하다고 생각합니다.

그래서 변화를 거부합니다. 습관과 전통, 오래된 문제들을 바꾸기 힘들어합니다. 사람들은 자신들의 사고방식과 그 사고방식의 결과로 인한 행동양식의 덫에 빠져서 변화에 대해 본능적인 저항을 합니다.

이 책에서 저는 변화를 이해하고 변화에 접근하는 방법을 완전히 바꿔놓을 하나님 말씀의 진리를 나누고자 합니다. 이 진리를 마음으로 받아들이고 삶에 적용한다면 당신의 삶에 노력 없이 이루어지는 변화를 경험하게 될 것입니다.

많은 사람들이 변화에 대한 필요조차 느끼지 못할 때에도 어떤 사람들은 그 필요를 알고 변화에 대한 강한 열망을 가지고 있습니다. 당신이 만약 병들었다면 건강해지기 원할 것이고, 가난하다면 하나님의 재정적인 공급을 경험하기 원할 것입니다. 삶의 겉모습이 변화되기를 바라십니까? 그러나 모든 참된 변화는 내면으로부터 시작됩니다. 당신 안에 있는 것에서부터 시작됩니다.

하나님을 제한하지 마라

2002년 1월 31일, 주님께서 저에게 직접 강력하게 하신 말씀이 있습니다. 저의 제한적인 생각 때문에 주님께서 제 삶을 통해 이루고자 하시는 일을 그동안 제가 제한해 왔다고 말씀하셨습니다. 이 말씀은 제 삶을 완전히 충격에 빠뜨렸기에 저는 한 일주일 정도 이것이 제 삶에 계시로 깨달아질 때까지 이 말씀을 묵상하였습니다. 그리고 나서 우리 단체의 직원들이 모두 모인 자리에서 저는 하나님께서 하신 말씀을 전달했습니다. "내 안에 있는 이 이미지를 바꾸는 데 시간이 얼마나 걸릴지는 저도 모릅니다. 일주일이 걸릴지, 한 달이 걸릴지, 1년이 걸릴지, 5년이 걸릴지 저는 모릅니다. 그러나 저는 바꿀 것이고 우리 사역은 번창할 것입니다!" 그리고는 일주일도 채 안 되어 일어나는 너무나 빠른 변화에 저는 놀랄 수밖에 없었습니다.

저의 이 결심을 뉴스레터를 통해 후원자들에게 알리기도 전에 (이 작업은 최소 3개월 정도 걸립니다.) 후원금이 엄청나게 증가

했습니다. 바뀐 것은 내 안에 있는 것들, 즉 나의 태도와 생각과 제가 기대하는 바였습니다. 그것 외에 우리가 하는 일에는 달라진 것이 없었습니다. 그럼에도 불구하고 3개월 연속 기록을 깨면서 후원금이 증가했습니다. 후원자들이 하나님께서 저에게 하신 말씀을 듣고 나서 반응한 것이 아니라 이 일에 대한 뉴스레터를 발송하기도 전에 일어난 일이었습니다! 제 '안'이 바뀌자 제 삶의 모든 영역에서 '밖으로' 변화가 일어나기 시작했습니다. 이것은 단지 제가 직접 경험한 여러 가지 일들 중 하나일 뿐입니다. 내면에서 저의 생각하는 방식이 바뀌었을 때 표면적인 변화가 밖으로 나타나기 시작한 것입니다.

밖으로 드러나는 변화를 보고 싶다면 그것은 반드시 안에서 시작되어야 합니다. '안에서의 변화를 어떻게 시작하는가?' 이것이 바로 이 책의 내용입니다. 생각하는 방식, 즉 당신의 내면을 바꿀 수만 있다면 밖으로 드러나는 변화를 보게 될 것입니다. 노력 없이 말입니다.

1장
안에서 시작되는 변화

당신의 지금 모습은 당신의 마음으로 생각하는 것의 결과라고 하나님의 말씀은 분명하게 계시합니다.

> 대저 그 마음의 생각이 어떠하면 그 위인도 그러한즉
>
> 잠 23:7

당신이 내면을 변화시킬 수 없다면 (또는 변화시키지 않는다면) 밖으로 드러나는 변화는 볼 수 없을 것입니다. 기도하고, 하나님께 매달리고, 중보기도를 부탁해도 소용없습니다. 정수리의 머리가 다 빠질 때까지 안수기도를 받아도 소용없습니다. 내면을 변화시키지 않는다면, 당신의 삶에서는 밖으로 드러나는 변화를 경험하지 못할 것입니다.

많은 사람들이 말합니다. "그렇지만 저도 변화를 원해요. 제가 할 수 있는 일은 다 했지만 모든 게 여전히 그 자리란 말입니다."

그래도 하나님의 말씀이 진리입니다. 당신의 지금 모습은 당신이 마음에 생각한 것의 결과입니다(잠 23:7). 이것이 하나님의 법칙입니다.

로마서 8장 6절 말씀도 이 진리를 확증해 주고 있습니다.

육신의 생각은 사망이요 영의 생각은 생명과 평안이니라
롬 8:6

제 말에 기분이 나빠져서 제가 나누고 있는 이 내용을 거절하지 마시고 이 진리를 깊이 생각해 보십시오. 물론 주님과 동행 하든지, 그렇지 않든지 상관없이 인생을 살다 보면 모든 사람이 문제에 부딪히곤 합니다. 우리는 타락한 세상에 살고 있으며 우리에게는 원수 마귀가 있기 때문입니다. 우리가 경험하는 모든 문제가 전부 우리 내면에 있는 부족한 부분에서 기인하는 것은 아닙니다. 그러나 당신의 삶이 전반적으로 무너져 내리고 있다면, 또 되는 일은 없고 문제투성이라면, 그때는 멈춰 서서 당신의 속사람에게 뭔가 작업이 필요하지는 않은지 생각해 봐야 합니다.

무엇을 심었습니까?

어려운 상황이나 문제가 닥치면 사람들은 대부분 다른 사람이나 다른 것을 탓하는 경향이 있습니다. "내 출신이 문제야. 내 배경이 문제야. 나는 불리한 조건을 타고 났어." 이렇게 누구 탓이라도 합니다. "그 사람이 나한테 어떻게 그럴 수 있어? 내 잘못이 아니라 사장이 문제야." 항상 다른 사람이 문제인 것이지요.

그러나 말씀은 당신이 경험하는 것, 당신의 환경, 당신에 관한 모든 것은 근본적으로 당신이 생각하는 방식의 결과라고 분명하게 명시합니다. 당신이 마음에 생각한 대로 그렇게 된 것입니다. 영적인 생각을 하면 생명과 평안을 얻습니다. 그렇지 않으면 사망을 얻습니다(롬 8:6). 사망을 원하지는 않으시겠지요. 당신은 아마도 "저는 그렇게 생각한 적이 없어요. 당신의 말은 사실이 아닙니다."라고 말하고 싶겠지만, 이것은 진리입니다.

제가 당신의 집에 초대되어 집에 있는 정원을 보러 갔다고 가정해 봅시다. 당신이 무슨 씨를 심었는지 알기 위해서 당신이 씨를 심을 때 저도 같이 있어야 할 필요는 없습니다. 지금 그 정원에서 자라고 있는 것들을 보면 무슨 씨를 심었는지 알 수 있으니까요. 옥수수가 자라고 있다면 당신은 옥수수를 심은 것입니다. 콩이 자라고 있다면 당신은 콩을 심은 것입니다. 누군가가 와서 당신이 원하지도 않은 씨를 심었다고 주장하실 수도 있겠지요. 그러나 그 정원을 지키고 보호해야 할 책임은 당신에게 있었습니다. 당신이 심었거나 또는 누군가가 심는 것을 당신이 허락했던, 바로 그것이 자라고 있는 것입니다.

자연적인 영역에서 그렇듯 영적인 영역에서도 그렇습니다.

당신의 삶이라는 정원에서 자라고 있는 것들도 당신이 직접 심었거나 남이 심는 것을 당신이 허락한 것들입니다. 진정한 변화를 경험하려면, 자기 삶의 문제에 대해 자신을 제외한 모든 사람을 탓하면서 변명하는 것을 먼저 그만둬야 합니다. "내 운명인가 봐." "나는 운이 나빠." "나는 되는 일이 없어." 이런 말들은 이제 그만 해야 합니다. 당신이 마음에 생각하는 대로 그렇게 된다고 말씀이 계시하고 있습니다(잠 23:7). 또한 당신이 영적으로 생각하는 사고방식을 갖게 된다면 당신의 생각은 생명과 평안을 낳을 것입니다(롬 8:6).

하나님을 아는 지식

현실에서 일어나는 일들은 당신의 사고방식이 생산해 낸 결과라는 원리를 다음 구절이 구체적으로 확증해 주고 있습니다.

> 하나님과 우리 주 예수를 앎으로 은혜와 평강이 너희에게 더욱 많을지어다　　　　　　　　　　　　　　벧후 1:2

많은 사람들이 자신들의 삶에 은혜와 평강이 더욱 많아지기를 원합니다. 그들은 평강을 구하며 기도하고 있습니다. 평강을 얻기 위해 다른 사람들에게 도움을 청하기도 합니다. 평강이 자신들의 밖에서부터, 즉 외부로부터 와서 자신들의 환경을 변화시켜 주길 바라고 있는 것이지요. 그러나 베드로후서 1장 2절은 평강이 하나님을 아는 지식에서 온다고 증거하고 있습니다.

당신의 삶에 평강이 있다고 해서 주변에 문제나 어려움이 없다는 말은 아닙니다. 하나님적인 평강God's kind of peace은 폭풍 한가운데에도 누릴 수 있습니다. 내면에 자리하기 때문이지요. 그렇게 되면 결국에는 당신 안에 있는 그 평강이 외부의 상황을 변화시킬 것입니다.

> 그의 신기한 능력으로 생명과 경건에 속한 모든 것을 우리에게 주셨으니 이는 자기의 영광과 덕으로써 우리를 부르신 이를 앎으로 말미암음이라 벧후 1:3

이 구절에 의하면 하나님의 신기한divine ; 신적인 능력이 이미 우리에게 주어졌다(과거형)고 합니다. 그런데 대부분의 사람들은 하나님의 능력이 외부로부터 안으로 들어오기를 원합니다. "오, 주님, 능력의 팔을 펴시사 나를 만지소서!"라고 기도합니다. 그들은 하나님께서 번개 치듯이 임하셔서 치유하고, 형통케 하고, 자유케 하고, 그 외 자신들이 원하는 것은 무엇이든지 '짠!' 하고 해 주시기를 원합니다. 그러나 이 구절은 생명과 경건godliness ; 하나님적인 것에 속한 모든 것이 하나님을 아는 지식에서 온다고 합니다. 여기에는 치유, 형통, 자유함, 기쁨, 평강, 사업의 성공, 원만한 인간관계, 그 외 모든 것이 포함됩니다. 생명과 하나님적인 것에 속한 모든 것이 하나님을 아는 지식에서 옵니다. 거듭난 그리스도인들은 이미 하나님의 평강을 그들의 영 안에 소유하고 있다는 뜻이지요. 그들이 생각을 새롭게 하여 그리스도 안에서 자신이 누구인지, 무엇을 가졌는지 알게 되면 안으로부터 그 평강을 끌어내어 경험하게 되는 것입니다.

당신의 삶에 반복적으로 일어나는 일들은 내면에서 당신이 생각하고 있는 것을 밖으로 보여주는 것일 뿐입니다. 주변의 모든 사람들과 모든 환경들이 잘못되었으니 그것이 변화되어야 한다고 생각하지 마십시오. 변화란 당신의 내면에서 시작된다는 것을 깨닫는 것이 첫째로 해야 할 일입니다. 이러한 변화는 하나님에 대한 당신의 지식에 근거하여 일어나는 것입니다(벧후 1:2-3).

실재

지금까지 드린 말씀은 간단하지만 의미심장한 진리입니다. 사실, 대부분의 사람들이 너무 간단하다는 이유로 이 진리를 놓치고는 이렇게 생각합니다. "아니야. 이것보다는 더 복잡한 이유가 있을 거야. 지금 내 현실이 나의 잘못된 생각의 결과라니, 그럴 수 없어." 그러나 하나님의 말씀은 진리입니다. 하나님의 관점을 받아들이고 하나님의 생각으로 생각한다면 삶의 어떤 상황이라도 변화시킬 수 있습니다. 어떤 사람들은 이것을 다른 이름으로 부르기도 하지만 저는 이것이 성경이 말하는 믿음이라고 생각합니다.

믿음이란 단순히 하나님의 관점으로 보는 것을 말합니다. 어떤 사람이 당신을 해코지했을 때, 믿음은 감정에 근거해서 인간적으로, 육신적인 영역에서 반응하지 않고 이렇게 합니다. "하나님의 말씀은 이것에 대해 뭐라고 하시는가?" 그리고 에베소서 6장 12절과 같은 구절을 살펴봅니다.

> 우리의 씨름은 혈과 육을 상대하는 것이 아니요 통치자들과 권세들과 이 어둠의 세상 주관자들과 하늘에 있는 악의 영들을 상대함이라   엡 6:12

그 사람이 당신을 화나게 했다는 사실에 집중하지 않고, 그 대신에 하나님의 말씀으로 얻어진 하나님에 대한 지식으로 인해, 마귀가 사람들을 통해 역사할 수도 있고 당신을 대적하기 위해 그들을 이용한다는 것을 깨닫게 됩니다. 당신은 겉으로 드러나는 것만을 보지 않고 하나님에 대한 지식으로 인해 다른 관점을 가지게 된 것입니다. 내면으로부터 다르게 생각하게 된 것입니다. 당신에게 화가 난 그 사람과 갈등하는 것이 아니라 당신 안에 계신 하나님을 대적하는 그 존재와 갈등한다는 것을 깨달은 것입니다. 그렇기 때문에 이 상황에 대해 다른 사람들과는 다르게 반응할 수 있게 됩니다. 그래서 당신을 대적하는 사람들과 싸우지 않고 오히려 사랑할 수 있게 되며 그로 인해 완전히 다른 결과를 얻게 됩니다. 이 모든 것은 당신이 생각을 바꿀 때 시작됩니다.

저뿐만 아니라 많은 사람들이 이 진리에 대한 셀 수 없이 많은 간증을 가지고 있습니다. 이것은 실제로 역사합니다. 이 세상에는 자신의 환경을 변화시키고자 하는 사람들이 수도 없이 많지만, 그 변화가 자신의 내면에서 시작된다는 것을 아는 사람은 그리 많지 않습니다.

정신이상

제가 매달 진행하는 가스펠 트루스 세미나Gospel Truth Seminar에서 저는 항상 우리 바이블 칼리지에 대해 언급합니다. 그 이야기를 하면서 자주 이렇게 묻곤 합니다. "인생이 이게 다가 아니라고 생각하시는 분, 삶의 변화를 원하시는 분은 손들어 주시겠어요?" 이 질문에 80~90%의 사람들이 손을 드는 것은 특별한 일도 아닙니다. 그들은 대부분 성령세례를 받은 그리스도인들입니다만 자신의 삶에 변화가 필요하다고 생각합니다. 그들은 자신들이 처한 현실에 만족하지 못하여 뭔가를 더 원하고 있습니다.

그들 모두 "예, 저는 변화를 원합니다."라고 인정합니다. 그러면 제가 묻습니다. "변화를 위해서 무엇을 하실 건가요? 어떤 점을 달리하겠습니까?"

'정신이상'의 사전적 정의를 보면 '같은 일을 계속 반복하면서 다른 결과를 기대하는 것'입니다. 밖으로 드러나는 변화를 원한다면 내면에서 시작해야만 합니다. 내면에서는 여전히 같은 사고방식을 유지하면서 외부의 환경이 변화될 것을 기대해서는 안 됩니다. 사전에 따르면 그것은 정신이상입니다. 제일 먼저, 마음에서 변화가 일어나야 합니다. 그리고 그 변화와 협력하기 위해서 여러 단계를 밟아 나가야만 합니다. 변화는 밖에서부터 오지 않습니다. 안에서 시작됩니다. 삶의 변화를 원한다면 당신의 내면에서 전과 다르게 행해야 합니다.

제가 이 얘기를 꺼내는 순간 사람들은 바로 저항합니다. 변화를 두려워하기 때문이지요. 저는 정말 끔찍하고 절망적인 상황에 처한 사람들을 실제로 많이 만나 봤는데 막상 그들은 그 상황에 적응되어 있었습니다. 그냥저냥 살기로 한 것이지요. 그 상황이 그들의 꿈이나 삶의 목적은 아니었겠지만 그 속에 너무나 오래 있었기에 익숙해진 것입니다. 그러다 보니 그냥 그렇게 살면 된다고 생각한 것이고 또한 변화를 시도하다가 실패하게 될까봐 두려웠던 것입니다.

만약 당신도 이런 경우라면 당신의 삶에 변화를 일으키기 위해 반드시 일어나야 하는 일이 있습니다. 그것은 반복적으로 삶에 넌덜머리가 나는 상황에 대해 완전히 넌덜머리가 나는 단계에 이르는 것입니다. "내 삶에 실제로 변화가 일어날 수만 있다면 나는 무슨 일이라도 할 것이다. 나는 내 생각을 바꿀 것이고 어떠한 위험도 감수할 거야."라고 결단해야 합니다. 이렇게 할 마음이 없다면 당신의 외부까지 영향력을 미치는 변화는 절대 경험할 수 없을 것입니다.

"얼마 동안이나 그렇게 해야 하는 것입니까?"

성경에 이에 관련된 이야기가 있습니다. 바로 사마리아가 아람 군대에게 둘러싸여 포위되었던 일입니다(왕하 6:24-7:20 참고). 사마리아 사람들이 굶주리다 못해 자기 자식까지 먹게 되는 일이 벌어집니다. 동물의 배설물도 비싼 값에 먹을거리로 팔리고 있었습니다. 그 도시는 적군에게 포위되었을 뿐만 아니라 가뭄과 기근으로 몹시 고통받았습니다. 그곳 사람들은 곧 망할 위기에 처했지만 아람사람들에게 완전히 포위되어 아무것도 할 수 없었습니다.

거기에는 네 명의 문둥병자가 사마리아 성문에 앉아있었습니다. 그들은 서로 이렇게 얘기합니다. "우리가 언제까지 여기 앉아 있을 것인가? 죽을 때까지? 사마리아 성 안으로 들어가도 어차피 기근으로 죽을 것이니 아람군대로 가자. 그들이 우릴 죽일 지라도 여기서도 어차피 죽을 테니까 잃을 것은 아무것도 없어. 그들이

불쌍히 봐 줄지도 모르지 않나?"(왕하 7:3-4 참고)

그래서 이 네 명의 문둥병자는 일어나 아람군대로 들어갑니다. 그런데 그때는 이미 주께서 역사하신 후였습니다. 주께서 아람군대로 하여금 큰 소음을 듣게 하신 것입니다. 그들은 이스라엘 군대가 다른 나라와 연합하여 그들과 싸우러 오는 줄 알고 두려움에 사로잡혀 음식과 동물, 장막, 금과 은을 다 두고 달아나 버렸습니다. 목숨을 부지하기 위해 모든 것을 남겨두고 달아나 버린 것입니다!

조금 전까지만 해도 굶어 죽을 위기에 처했던 이 네 명의 문둥병자들은 놀라운 기적을 경험합니다. 그곳에서 발견한 음식은 아직도 따뜻합니다. 그들은 그 음식을 배불리 먹었습니다. 옷과 금, 은을 발견합니다. 그 후, 그들은 이 좋은 소식을 사마리아 성에 전한 장본인이 되었습니다. 그 지역 사람들을 모두 구해 낸 영웅이 된 것입니다. 그 성에서 쫓겨나서 성문에 앉아 굶어 죽기를 기다렸던 네 명의 문둥병자가 결단을 내리자 이런 일이 일어난 것입니다. 겉으로 보기엔 비참했지만 그들은 이렇게 결단했습니다. "우리는 뭐라도 해야 한다. 이대로 있으면 죽게 될 거야. 무슨 일이라도 해야 한다." 그리고는 할 수 있는 일을 생각해 본 것입니다. 비록 적군의 군대로 들어가는 것이 그다지 좋은 생각인 것 같지는 않았지만 그냥 그 자리에 앉아서 죽기를 기다리는 것보다는 나았습니다. 그렇게 뭔가를 도전했기 때문에 그들은 엄청난 기적을 경험한 것입니다.

변화가 필요합니다

 이 네 명의 문둥병자처럼, 당신도 죽어가고 있을지 모르겠습니다. 육체적으로는 아닐지라도 감정적으로 그럴지도 모르겠습니다. 죽어가고 있다는 것을 자신도 알고 있습니다. 결혼생활이 깨져가고 있거나 제대로 되는 일이 하나도 없지는 않으십니까? 뭔가 잘못되었다는 것을 당신은 잘 알고 있습니다. 이게 다가 아니란 것은 알지만 실패할까 두려워 시작을 하지 못하고 있습니다. 당신이 상황을 정확하게 판단할 수만 있다면, 지금 실패하고 있다는 것을 알게 될 것입니다. 수입이 일정하게 들어오고 꽤 괜찮은 집에 살면서 상황은 잘 돌아가고 있지만 마음에 만족이 없고 성취감이 없다면 내적으로 죽어가고 있다는 뜻이며 변화가 필요하다는 뜻입니다. 만약 당신이 아침에 일어날 때, "할렐루야! 주님이 내게 주신 부르심을 이루어 세상을 변화시킬 수 있는 또 다른 기회의 날이 밝았구나."라고 고백하지 못한다면 당신이 깨닫고 있지는 못하더라도 변화가 필요하단 뜻입니다.
 뭔가 다른 결과를 원한다면 방법을 달리해야 합니다. 달라질 것을 기도하면서 같은 일을 계속적으로 반복하는 것은 '정신이상'이라고 말씀드렸습니다. 다른 결과를 원한다면 방법을 바꾸십시오.
 진정한 변화는 내면에서 시작됩니다. 당신은 그 자리에 그저 앉아 있으면서 하나님께 뭔가 초자연적인 일을 해 달라고 기도하고 있진 않습니까? 많은 사람들이 복권에 당첨되기를 기도하거나 환경이 마술처럼 바뀌기를 바라고만 있습니다. 만약 당신도 그런 상황이라면 그것은 하나님을 따르고 있는 것이 아닙니다. 하나님은 그런 방법으로 당신의 필요를 채우지 않으십니다. 복권에 당첨될 가능성은 백만분의 1이 아닙니까? 어떤 사람이 갑자기 당신에게 나타나 10대 기업의 최고경영자가 되어 달라고 하지는 않을 것입니다. 인생은 그렇게 돌아가지 않습니다. 변화는 그렇게 오지 않습니다. 외부의 변화를 원한다면 그것은 내면에서 시작된다는 것을 알아야 합니다.

> "주님, 지금 제가 있는 곳에서
>
> 당신이 저를 부르신
>
> 그 자리까지,
>
> 어떻게 갈 수 있습니까?"

2장

말씀을 묵상하기

하나님의 말씀이 살아서 저에게 역사하기 시작했던 날을 지금도 기억합니다. 1968년 3월 23일, 저의 삶을 송두리째 바꿔 놓은 주님과의 만남이 있고나서 바로 일어난 일이었습니다. 성경은 저에게 하나님이 하신 말씀을 기록한 책, 그 이상이 되었습니다. 제가 말씀을 읽을 때, 주님께서 저에게 직접 말씀하고 계신다는 것을 알았습니다. 저는 말씀과 사랑에 빠져 버렸습니다. 말씀을 공부할 때, 주님은 진리를 제 안에 넣어주셨습니다. 제 삶에 변화가 일어나고 있음을 알았습니다.

주님께서 저를 통해 이루고자 하시는 일의 비전을 보여주시며 저에게 말씀하시던 때가 생각납니다. 주님께서 이미 제 삶에 큰 영향을 끼치셨고 저는 사역자로 부르심을 받았음을 알았습니다. 그때 저는 결혼하기 전이었고 혼자 제 방에 있었습니다. 하나님께서 저의 삶을 통해 하시려는 일을 제 마음으로 보게 되었습니다. 침대 옆에 무릎을 꿇고 앉아서 성경책을 펴 놓은 채 기도했습니다.

소경이 눈을 뜨고, 귀머거리가 듣고, 죽은 자가 살아나는 기적들을 생각할 때 저는 압도되고 말았습니다. 하나님께서 그분의 말씀을 가르치라고 저를 부르신 것을 알았고 그렇게 할 때 사람들의 삶이 변화될 것임을 알았습니다. 열여덟의 나이에 그런 일들을 구하며 기도했던 것입니다.

그리고 여러 가지 일이 일어나는 것도 보았는데, 바로 지금 제가 하고 있는 것처럼 텔레비전을 통해 사람들에게 사역하는 것까지도 환상으로 보았습니다. 저는 그것을 보았고 그 일들이 반드시 일어날 것을 알았습니다. 하지만 저는 내성적인 성격의 소유자였습니다. 말할 때, 사람들의 얼굴을 쳐다보지도 못했습니다. 이렇게 내성적인 텍사스 촌놈이 어떻게 라디오와 텔레비전에 출연한단 말입니까? 제가 하나님이라면 그런 일에 저를 택하지는 않았을 것입니다.

"제가 어떻게 그런 일을 할 수 있습니까?"

그렇게 저는 하나님께서 보여주신 그 모든 부르심의 일들을 마음으로 보면서 현실에서는 그것이 절대적으로 불가능하다는 것을 알았습니다. 저는 침대 옆 바닥에 무릎을 꿇고 기도했습니다. "주님, 지금 제가 있는 곳에서 당신이 저를 부르신 그 자리까지, 어떻게 갈 수 있습니까? 너무 먼 것 같습니다. 저는 그곳에 가는 법을 모릅니다. 어떻게 하면 좋을까요?"

기도하던 중에 저는 눈을 뜨고 제 앞에 놓인 성경책을 보게 되었습니다. 그때 주님의 음성을 들었습니다. "네가 내 말씀을 취하여 밤낮으로 묵상하면 그 말씀이 네가 알아야 하는 모든 것을 가르칠 것이다. 내 말씀이 모든 것을 변화시킬 것이다."

너무 단순하게 들린다는 것을 저도 잘 압니다. 그러나 단순하지 않았다면 저는 이해하지 못했을 것입니다. 저는 그 말씀을 하나님의 인도하심으로 받아들였습니다. 그 후로 지금까지 저는 저 자신을 하나님 말씀에 쏟아부어 왔습니다. 그 외에 그 비전이 성취되기 위해 필요한 다른 것들은 생각하지 않았습니다. 저는 "주님, 부끄러움 많은 저의 성격은 어떻게 극복하나요? 사역에 필요한 재정은 어디서 대나요? 이것은 어떻게 해야 하나요, 저것은 어떻게 해야 하나요?"라고 묻지 않았습니다. 그런 것들은 다 잊어버리고 오랜 시간 동안 저 자신을 하나님의 말씀에 쏟아부었습니다. 결혼하기 전까지 저는 하루 10시간에서 16시간 정도 말씀을 공부하고 하나님의 진리를 배우는 데 보냈습니다. 주님의 말씀을 취하여 밤낮으로 묵상하는 동안 말씀이 저를 변화시키기 시작했습니다.

하나님의 약속은 누구에게나 역사합니다. 당신이 그분의 말씀을 당신의 삶에 가장 최우선에 두고 규칙적으로 묵상한다면, 그 말씀이 당신을 변화시킬 것입니다.

여호수아

이것은 하나님께서 여호수아에게 하신 말씀입니다. 여호수아는 모세로부터 지도자의 자리를 물려받을 참이었습니다. 한번 생각해 보십시오. 모세의 뒤를 잇는다는 게 얼마나 어려운 일이었겠습니까? 여호수아는 새로 받은 이 임무를 앞두고 고민하며 하나님께 물었을 것입니다. "하나님, 어떻게 해야 합니까? 이 백성을 제가 어떻게 인도합니까?"

그러자 주님이 말씀하십니다. "내가 모세와 함께 했던 것처럼 너와 함께 하겠다. 네 발이 밟는 모든 땅을 너에게 주겠다."(수 1:3,5) 하나님은 여호수아 1장 1-7절에 기록된 약속들을 여호수아에게 주셨습니다. 그리고 이렇게 말씀하셨습니다.

> 이 율법책을 네 입에서 떠나지 말게 하며　　　　　수 1:8

당시 율법책이란 모세오경을 가리킵니다. 오늘날 우리에게는 완성된 성경이 있기 때문에 '이 율법책' 대신 '하나님의 말씀, 성경책'이라고 할 수 있겠지요.

> …네 입에서 떠나지 말게 하며 주야로 그것을 묵상하여 그 안에 기록된 대로 다 지켜 행하라 그리하면 네 길이 평탄하게 될 것이며 네가 형통하리라　　　　　수 1:8

이 구절 마지막에서부터 거꾸로 한번 봅시다. 대부분의 사람들이 형통하여 성공을 거두기 원합니다. 그러나 사람들이 이 구절의 앞부분을 그냥 넘어가는 것을 보면 참으로 놀랍습니다. "나의 사업을 잘되게 해 주시고 나의 결혼생활을 형통하게 해 주시며 제 몸을 치유해 주시옵소서."라고 하나님께 기도하며 간구하지만 막상 말씀이 하라는 것은 하지 않습니다. 여호수아 1장 8절은 우리 삶의 모든 영역에서 형통과 성공을 얻는 방법을 보여주고 있습니다. 그 방법은 하나님의 말씀을 취하여 당신의 생각과 말, 행동에 깊이 스며들어 영향을 미칠 때까지 묵상하는 것입니다. 하나님의 말씀이 당신의 삶을 통치하기 시작하면 신체적으로, 감정적으로, 관계적으로, 재정적으로, 모든 면에서 형통하여 원하는 성공을 얻게 될 것입니다. 제가 이 말씀의 산 증인입니다. 저는 바로 이 진리 위에 제 삶의 근거를 두고 살아갑니다.

주의를 집중하기

지금쯤 아마도 이렇게 생각하고 계실지 모르겠습니다. "앤드류, 저에게는 직업이 있어요. 밤낮으로 말씀만 묵상하고 있을 수는 없습니다." "저희 집에는 애가 셋이에요. 항상 뛰어다니면서 할 일이 태산 같아요. 애들을 돌보지 않고 앉아서 성경책만 읽을 수는 없습니다." 이렇듯 대부분의 사람들이 하나님의 말씀을 밤낮으로 묵상할 수 있다고 믿지 않습니다. 완전히 불가능한 명령을 받았다고 생각하지요. 그것은 '묵상'의 참된 정의를 몰라서 그렇습니다. 묵상은 단순히 어떤 것에 집중하는 것인데 그것이 의식을 떠나지 않게 될 때까지 하는 것을 말합니다.

걱정도 묵상입니다. 다른 점이라면, 걱정은 부정적이고 악한 것을 묵상하는 것이지요. 머릿속에서는 '필요한 돈은 어디서 구하지? 이제 우리는 어떻게 하지? 내 배우자가 나를 피하는 건가? 다른 사람이 생겼나? 이러다 이혼하는 건 아닌가?' 라는 생각을 하루 종일 하면서도 매일 해야 할 일들, 즉 그것이 아이를 돌보는 것이든, 잔심부름이든, 집안 청소든, 애들을 학원에 데려다 주는 일이든, 밥하는 일이든 결국에는 다 하게 되지 않습니까? 머리로는 계속해서 이런 일들로 걱정하면서도 결국 할 일은 다 하게 됩니다. 직장에서도 마찬가지입니다.

직장에서 맡은 일을 하면서도 머릿속으로는 '이 문제를 어떻게 해결해야 할까?' 를 계속 생각하고 있을 수도 있습니다. 그곳에서 일은 하지만 머리로는 다른 생각을 하고 있는 것이지요. 그 일로 밤낮 염려합니다. 당신이 솔직한 사람이라면 어떤 문제 때문에 고심하다 못해 그 문제로 꿈을 꾼 적도 있다는 것을 인정할 것입니다. '이 문제를 어떻게 처리하지? 이 문제에서 어떻게 벗어날 수 있을까?' 를 생각하느라 밤잠을 설친 적도 있을 것입니다. 그것이 바로 묵상의 한 형태인 걱정입니다.

당신 안에서 걱정을 하는 그 주체가 바로 묵상을 하는 같은 부분입니다. 다른 점이 있다면 묵상은 긍정적인 것에 초점을 맞추는 것입니다. 돌봐야 할 아이들이 있거나 직업이 있는데 저처럼 하루 16시간씩 말씀만 공부하는 것은 잘못된 일입니다. 그렇게 하는 것은 가족과 직장에 충실하지 못한 것이고 맡은 책임을 다하지 않는 것입니다. 그러나 말씀 한 구절을 취하여 읽고 나서, 맡은 일을 수행하면서도 그 말씀을 하루 종일 밤낮으로 묵상할 수는 있습니다. '이 말씀을 어떻게 내게 적용할 것인가?'를 생각하면서 하루 일과를 진행할 수 있다는 말씀입니다.

"믿으십시오!"

지난주, 저는 역대하 20장에 나오는 여호사밧에 관한 이야기를 읽었습니다. 여호사밧 왕은 신실하게 주님을 섬겼지만 어느 날 세 나라 군대가 그를 대항하여 쳐들어오게 됩니다. 세 나라의 군대가 힘을 합해 쳐들어 왔을 때, 여호사밧 왕에겐 감당할 수 없을 것 같았겠지요. 여호사밧과 그의 나라가 이길 가능성은 없어 보였습니다. 그래서 여호사밧은 백성들을 모두 불러 모았습니다. 그는 백성 앞에서 두 손을 하늘로 향해 들고 이렇게 기도했습니다. "하나님, 우리는 우리를 치러 온 이 큰 무리를 대항해 싸울 힘이 없고 도와주는 사람들도 없습니다. 우리의 도움은 오직 당신입니다. 우리는 여기 서서 당신을 기다립니다. 일하여 주시옵소서!"(대하 20:12)

여호사밧 왕의 기도가 끝나자 한 선지자가 일어나 예언하기 시작했습니다. "이 전쟁에서 당신은 싸울 필요도 없습니다. 아침에 모여서 나가보면 이미 이긴 것을 알게 될 것입니다."(대하 20:17)

> 이에 백성들이 아침에 일찍이 일어나서 드고아 들로 나가니라 나갈 때에 여호사밧이 서서 이르되 유다와 예루살렘 주민들아 내 말을 들을지어다 너희는 너희 하나님 여호와를 신뢰하라 그리하면 견고히 서리라 그의 선지자들을 신뢰하라 그리하면 형통하리라
> 대하 20:20

그리고 여호사밧은 능력 있는 믿음의 말을 합니다. "하나님의 말씀을 믿으라!" 그리고 그들은 다음 날 아침 일찍 일어나 그들을 치려고 오는 세 나라의 군대를 만나러 갑니다. 하나님을 믿는다고 말만하지 않고 그 믿음에 합당한 행동을 하여 노래하는 사람들을 제일 앞에 세웁니다(대하 20:21 참고).

이 말씀을 묵상하던 중 저는 '얼마나 대단한 기적인가!' 라는 생각이 들었습니다. 사람들은 성경 이야기를 읽을 때 그 일이 진짜 일어나지 않았던 것처럼 읽거나 혹은 진짜 일어났던 일이라고 믿는다 해도 너무나 오래전에, 나와는 상관없는 어떤 사람들에게 일어났던 일이라고 믿기 때문에 자신과 연결하여 생각하지 못합니다. 여러분, 하나님의 말씀을 단지 정보로 읽지 마시고 그것에 대해 생각해 보시기를 권합니다. 당신이 여호사밧의 입장이었다면

어땠겠습니까? 군사들에게는 뒤에 서라고 하고 성가대를 앞세웠던 심정이 어땠을까요? 백만이 넘는 세 개의 군대를 맞으러 나가면서 "주님을 찬양하라, 그의 인자는 영원하심이라"(대하 20:21)고 노래한다는 것은 어떤 의미였을까요? 이런 생각을 하는 것이 바로 묵상의 시작입니다.

　성경말씀을 그냥 읽는 것과 더 깊이 들어가서 묵상하는 것은 완전히 다릅니다. 저는 이런 구절들을 2,3일 동안 계속해서 거듭 거듭 읽어 내려갑니다. 같은 구절을 공부하는 데 30분에서 1시간 정도를 소모하며 읽고, 참고 구절을 찾아보고 정보들을 수집합니다. 그리고 하루 종일 그 구절을 묵상하는 데 시간을 보냅니다. 한번은 제가 매달 개최하는 가스펠 트루스 세미나를 위해 비행기를 타고 있었을 때였습니다. 눈을 감고 있었지만 여호사밧이 경험했던 광대한 믿음의 도약에 대해 생각하고 있었습니다.

당신이 필요한 모든 것

　유다 사람들이 언덕을 넘어 왔을 때는 세 군대가 서로를 공격해서 이미 자멸해 버린 뒤였습니다. 두 군대가 나머지 한 군대를 죽인 것입니다. 그 군대를 멸절한 후에는 서로 죽이기 시작했습니다. 마지막에 남은 두 사람도 서로를 죽였습니다. 그래서 유다 군대가 언덕을 넘어 도착했을 때, 그들이 발견한 것은 시체들뿐이었습니다. 그곳에는 금과 은 그리고 옷가지가 너무나 많았기 때문에 유다 백성 모두가 동원되었는데도 불구하고 이 전리품을 거둬들이는 데만 3일이 걸렸습니다.

대부분의 사람들이 성경의 이런 이야기를 읽을 때 "오, 하나님을 신뢰할 때 얼마나 큰 승리를 거두는가?"하고 그럴싸하게 말하고는 지나가 버리지만 이와 같은 구절에서 발견할 수 있는 놀라운 진리들은 매우 많습니다. 여기, 여호사밧을 보십시오. 그의 인생과 그의 나라가 완전히 사라져 버릴 위기에 처했습니다. 그 가운데에서, 그는 하나님께 부르짖었습니다. 그리고 주님은 그에게 예언의 말씀을 주십니다. 그는 그 예언을 믿었고 그가 하나님을 신뢰하기로 결단한 지 24시간 안에, 그 나라를 파괴해 버릴 것 같았던 바로 그 일이 전에 없었던 최고의 일로 바뀌는 것을 경험합니다. 유다 사람들은 칼 한 자루도 들 필요가 없었습니다. 그들은 나가서 엄청난 전리품을 거둬들였고 여호사밧은 이 모든 것을 성전에 바쳤습니다. 전에 어떤 사람들이 와서 성전에서 금과 은을 모두 훔쳐갔기 때문입니다. 하나님께서 그에게 주신 말씀에 대한 믿음을 통해 여호사밧은 자기가 완전히 망할 수도 있었던 위기의 상황이 선으로 바뀌는 것을 경험하게 됩니다. 망할 위기가 오히려 성전 쇄신을 위해 하나님께서 사용하신 일이 된 것입니다. 결국엔 너무 놀라운 일로 마무리 되었습니다!

저는 이 본문을 읽은 뒤에도 며칠 동안 그 구절을 묵상하고 있었습니다. 이 구절을 제 개인의 삶에 어떻게 적용할지 그리고 당시 저희가 처했던 문제들로 인해 저희 단체 '앤드류 워맥 미니스트리'가 문을 닫아야만 할 것 같았던 그 상황에 어떻게 적용할지 생각하고 있었습니다. 우리가 처한 상황으로 인해 걱정하지 않고, 대신에 여호사밧에게 역사하신 그 하나님이 저를 위해서도 동일한 일을 하실 것이라고 생각하기 시작했습니다. 나를 파괴시킬 것 같았던 바로 그 상황이 내 생애 최고의 일로 바뀔 수도 있다고 생각했습니다.

말씀을 묵상할 때 믿음이 솟아납니다. 많은 사람들이 말씀을 읽기는 하지만 묵상하지 않기 때문에 이 믿음의 도약을 놓칩니다. 말씀을 공부하는 데 많은 시간을 투자할 수는 없다 하더라도 밤낮으로 한 구절을 묵상할 수는 있습니다.

당신의 상황과 문제가 무엇이든, 하나님께 말씀 한 구절만 받으면 당신은 완전한 승리를 얻게 됩니다. 주님은 지금 당신이 처한 상황이 어떤지 너무 잘 아시며 당신이 있어야 할 곳에 가기 위해 필요한 것도 너무 잘 아십니다. 하나님께서 조금만 인도해 주시고 그분의 지혜를 주시면 당신의 모든 문제는 해결될 것입니다. 필요한 것은 오직 하나님으로부터 오는 말씀입니다!

> 많은 사람들이
> 직장이나 가정의 문제를
> (또는 그 어떤 문제라도)
> 하나님 말씀으로
> 해결할 수 있다고
> 진정으로 믿지는 않습니다.

3장
말씀하시는 하나님

　하나님은 당신이 지금 가지고 있는 그 문제를 어떻게 해결해야 하나 고민하지 않으십니다. 모든 사람의 문제에는 아주 간단한 해결책이 있습니다. 문제는 하나님의 음성을 듣지 못하는 것입니다. 하나님이 뭐라고 하시는지 알 수 있는 길은 그분의 말씀을 통해서입니다. 우리가 말씀을 읽고 묵상하면 주님께서 우리에게 말씀하십니다. 그분은 우리에게 지혜를 주시고 갈 길을 인도하실 것입니다.

　저는 전 세계 여러 종류의 사람들을 대하지만 그들 각각의 성숙도가 얼마나 다른지는 알지 못합니다. 많은 사람들이 고개를 끄덕이며 "우리는 이것이 하나님 말씀이며 하나님 말씀에 우리를 위한 답이 있다고 생각합니다."라고 말은 하지만 그렇게 말하는 이유는 그렇게 말해야 한다는 걸 알기 때문입니다. 그러나 실제로 직장에서의 문제나 가정에서의 문제, 아니 그 어디에서의 문제도 하나님의 말씀으로 해결할 수 있다고는 믿지 않습니다.

지혜와 인도

잠언 1장에서 솔로몬은 그가 왜 잠언을 기록하는지 설명하고 있습니다.

> 이는 지혜와 훈계를 알게 하며 명철의 말씀을 깨닫게 하며
> 지혜롭게, 공의롭게, 정의롭게, 정직하게 행할 일에 대하여
> 훈계를 받게 하며 어리석은 자를 슬기롭게 하며 젊은 자에게
> 지식과 근신함을 주기 위한 것이니   잠 1:2-4

솔로몬은 어리석은 자들에게 지혜를 주고 명철이 없는 자들에게 명철을 주기 위해 잠언이 기록되었다고 했습니다. 그리고 이 지혜와 명철이 가져다 줄 선한 것들에 대해서, 또 이 지혜와 명철로 인해 당신이 피할 수 있는 나쁜 일에 대해서도 말합니다. 잠언에 기록된 이 진리들은 당신에게 모든 것에 대해 가르쳐 줄 수 있습니다.

> 사람의 선물은 그의 길을 넓게 하며 또 존귀한 자 앞으로 그를
> 인도하느니라   잠 18:16

이 구절에 나온 '선물'은 말 그대로 사람에게 주는 선물을 말합니다. 이 구절의 부정적인 예는 뇌물이 되겠습니다. 뇌물이 사람들에게 어떻게 영향을 미치고 어떻게 상황을 변화시키는지는 쉽게

알 수 있습니다. 그러나 선물에는 긍정적인 영향력을 행사할 수 있는 놀라운 가능성도 있습니다.

잠언의 또 다른 구절을 보겠습니다.

거만한 자를 쫓아내면 다툼이 쉬고 싸움과 수욕이 그치느니라
잠 22:10

제 사역에도 이 원리를 적용해 본 경험이 있습니다. 사람들 사이에 문제가 있으면 그 문제의 근원이 되는 사람에게로 가십시오. 모든 문제를 일으키는 비판적인 그 사람만 쫓아내면 분란과 분쟁, 비난이 사라질 것입니다.

완벽한 예

하나님의 말씀을 통해 사람들을 어떻게 대해야 하는지도 배울 수 있습니다. 사장이거나 직원이거나 세일즈맨이거나 상관없이 말씀을 통해 인간관계의 지혜를 얻을 수 있습니다.

당신이 만약 자녀 때문에 어려움을 겪고 있다면 성경은 그에 대한 넘치는 정보도 제공하고 있습니다. 저는 지금까지 하나님 말씀에 해답이 없는 그 어떤 문제에도 직면한 적이 없었습니다. 만약 당신이 이 말씀을 취하여 묵상하고 당신 안에 이 지식을 넣는

다면 성령님께서 적절한 때에 해야 할 일들을 생각나게 하시고 무엇을 해야 할지 보여주실 것입니다.

하나님은 저에게 이러한 방법으로 말씀하십니다. 제 삶을 움직이게 하는 것이 바로 이것입니다. 저의 삶을 변화시킨 것은 바로 하나님의 말씀을 향한 저의 사랑이었습니다.

저는 가끔 사람들로부터 이런 비난을 듣기도 합니다. "당신은 하나님보다도 하나님의 말씀을 사랑하지 않습니까?" 저는 하나님 말씀과 하나님을 구분하지 않습니다! 예수님은 말씀이 육신이 되어 우리 가운데 거하시는 분입니다(요 1:14). 제가 말씀에 대해 이야기 할 때, 저는 단지 그냥 어떤 책에 대해 말하는 것이 아닙니다. 당신이 성경 한 장을 뜯어내거나 한 권 전체를 뜯어낸다고 해도 하나님의 말씀은 변하지 않습니다. 성경에 담긴 말씀은 하나님의 마음을 온전하게 보여주고 있습니다.

말씀을 읽을 때, 저는 하나님에 관하여 쓴 책을 읽는 것이 아닙니다. 말씀은 저에게 직접 글을 쓰시는 주님 그 자체입니다! 어떤 말씀은 수천 년 전에 다른 사람을 위해 기록된 것이지만 그분은 오늘 저에게 그것을 새롭게 말씀하고 계십니다.

"내가 너에게 무엇이든지 주겠다."

주님께서 예레미야에게 말씀하셨습니다.

> 내가 너를 모태에 짓기 전에 너를 알았고 네가 배에서 나오기 전에 너를 성별하였고 너를 여러 나라의 선지자로 세웠노라 하시기로
>
> 렘 1:5

어떤 분들은 이것을 읽고 이렇게 말합니다. "이것은 3천 년 전에 예레미야에게 하신 말씀이잖아요? 당신은 마치 이것이 당신에게 하신 말씀인 양 좋아하는군요!"

저는 하나님께서 이 말씀을 저에게 하신 시간과 장소까지 정확하게 말씀드릴 수 있습니다.

그때 저는 1973년 텍사스 주 달라스에 있는 킹슬리 플레이스라는 아파트에 살고 있었습니다. 이 말씀을 읽고 나서 자러 갔는데 도저히 잠이 오지 않았습니다. (저에게는 정말 드문 일입니다.) 저는 "도대체 무슨 일이지?" 하고 의아했습니다. 그런데 갑자기 하나님의 임재가 그 방에 나타났습니다. 제가 결혼한 지 얼마 되지 않아서 일어난 일입니다. 저는 침대에서 일어나 거실로 나갔습니다. 그때 주님께서 저에게 오셔서 솔로몬에게 하신 것과 동일한 말씀을 하셨습니다. "네가 구하는 것은 무엇이라도 주겠다." 그리고 저는 이렇게 말했습니다. "당신의 말씀을 효과적으로 전해서 사람들의 삶이 변하게 도울 수 있는 능력을 원합니다." 그때 그분은 저를 만져주셨고 예레미야 1장 5절로 저를 이끌어 주셨습니다.

내가 너를 모태에 짓기 전에 너를 알았고 네가 배에서 나오기
전에 너를 성별하였고 너를 여러 나라의 선지자로 세웠노라

렘 1:5

그리고는 계속해서 이렇게 말씀하셨습니다.

볼지어다 내가 네 입에 있는 나의 말을 불이 되게 하고 이 백성
을 나무가 되게 하여 불사르리라 렘 5:14

예, 이것은 수천 년 전에 하나님께서 예레미야에게 하신 말씀입니다만 저에게도 이 말씀을 하셨습니다. 그 말씀은 저의 것입니다. 당신이 뭐라고 하든, 이 경험은 제 삶에서 역사하고 있습니다. 저는 하나님의 능력이 나타나는 것을 경험하고 있습니다. 이것이 바로 저의 삶에서 하나님이 말씀하시는 주된 방법입니다. 즉 그분의 말씀을 통해 말씀하시는 것입니다.

죽지 않고 살아있는 말씀

어떤 이들은 이렇게 말합니다. "저는 하나님께서 말씀 외에 다른 방법으로 저에게 말씀해 주시기를 원해요." 저에게는 그런 것이 필요하지 않습니다. 저는 그분의 말씀을 기록한 사람들에게

영감을 주신 분이 하나님이라고 정말로 믿습니다. 많은 사람들이 이 말씀을 보존하기 위해 그들의 목숨도 바쳤습니다. 그럼에도 불구하고 사람들은 하나님의 말씀을 당연한 것처럼 받습니다. 하나님의 말씀은 바로 우리에게 말씀하고 계신 하나님 그분이신데, 사람들은 말씀을 존중하지도 않고 귀하게 여기지도 않습니다. 그래서 제가 말씀에서 얻는 유익을 그들은 얻지 못하고 있는 것입니다. 제 말을 믿으십시오. 하나님의 말씀에는 당신이 성공하기 위해 필요한 모든 것이 들어있습니다. 만약 우리가 말씀에서 하라는 대로 하여 밤낮으로 그 말씀을 묵상한다면 우리는 형통하게 될 것이며 위대한 성공을 누리게 될 것입니다(수 1:8).

보통의 사람들은 하나님의 말씀이 성공을 위해 필요한 모든 것을 가지고 있다는 진리를 믿지 않습니다. 그래서 그들은 하나님의 말씀을 밤낮으로 묵상하지 않고 그렇기 때문에 더 형통하지도, 더 성공하지도 못하는 것입니다.

많은 그리스도인들이 하나님의 말씀을 우리에게 직접 말씀하시는 하나님으로 보지 않으며 귀히 여기지도 않습니다. 그들은 말씀을 읽을 때 종교적인 행위로 또는 읽어야 된다는 생각 때문에 읽습니다. 하나님께서 그들에게 말씀하시기를 기대하면서 말씀을 읽지 않습니다.

하나님의 말씀을 열 때마다 저는 그 말씀을 저에게 직접 말씀하시는 하나님으로 보며 하나님도 항상 그렇게 저에게 말씀하십니다. 이것은 살아있는 말씀입니다. 성경은 죽은 것이 아니라 살아 있습니다(히 4:12). 성경은 다른 책들과 다릅니다. 그래서 저는 다른 책들은 별로 많이 읽지 않습니다. 그나마 1년에 한두 권 정도 읽는 것도 사람들이 하도 자기 책을 읽어보라고 재촉해서 그렇습니다. 제가 읽는 책들은 주로 제가 좋아하는 사람들이 쓴 책이고 그들에게는 책을 쓸 만한 좋은 의견이 있습니다. 그래도 무엇보다 말씀을 향한 열정이 저에게는 가장 큽니다. 제가 필요한 것은 바로 하나님 말씀 안에 있기 때문입니다.

최근에 캘리포니아에서 있었던 저의 집회 때 한 남자가 저에게 와서 이렇게 말했습니다. 그는 저의 사역을 너무 좋아하며 제가 나누는 말씀이 그분에게 은혜가 되고 그날 제가 나눈 진리는 전에 어디에서도 들어보지 못한 것이라고 했습니다. 과학자였던 그 분은 몇 가지 책을 권하며 저에게 이렇게 말했습니다. "당신은 그 책들을 꼭 한번 읽어보셔야 합니다. 과학과 성경에 대한 책들입니다. 그러면 당신은 과학적인 관점으로 모든 질문에 대답할 수 있을 것입니다." 그분은 저에게 몇 권의 책을 주셨고 제가 그 책들을 읽기를 간절히 원했습니다.

진짜 참된 것

이분이 너무 강하게 밀어붙여서 결국은 저도 밀어붙여야 했습니다. 화를 내거나 한 것은 아니며 다만 이렇게 말씀을 드렸습니다. "위조지폐를 구별하는 방법을 배우는 사람들은 위조지폐를 연구하지 않습니다. 너무나 많은 가짜가 존재하기 때문에 모든 가짜를 다 연구할 수도 없습니다. 그 지폐가 진짜다 가짜다를 최종적으로 결정하는 사람들은 진짜 지폐를 받아서 연구합니다. 지폐를 만든 원료, 무게, 표면, 모양 등 진짜 돈에 관한 모든 것을 연구합니다. 이렇게 하다보면 진짜에 너무 익숙해져서 가짜를 보면 금방 알아차립니다.

저는 하나님과 그분의 말씀에 대해서도 그렇게 생각합니다. 저는 하나님의 말씀을 통해 너무도 하나님께 익숙해져서 이 사람에게 가서 이런 것을, 저 사람에게 가서 저런 것을 배우지 않아도 되기를 바라는 것입니다. 한 마음만 품고 하나님 말씀에만 집중해서 다른 보조 자료들이 없어도 되도록 말입니다."

대부분의 사람들이 이렇게 생각하지 않는다는 것을 저는 점점 깨달아가고 있습니다. 사람들은 일주일에 책 한 권, 또는 한 달에 한 권은 읽어야 한다고 주장합니다. 그것이 틀렸다든가 악하다고 말씀드리는 것이 아닙니다. 다만 하나님의 말씀인 성경과 다른 책들 사이에는 분명한 차이가 있음을 말씀드리는 것입니다.

저 또한 많은 책을 썼지요. 사실 지금 그중에 하나를 읽고 계시지 않습니까? 그러니 제가 책 읽는 것을 반대하지 않는다는 것은 분명합니다. 그러나 제 책들과 하나님의 말씀 사이에는 차이가 있습니다. 제가 저의 책들을 좋아하는 유일한 이유는 저의 책들이 하나님의 말씀으로 가득하기 때문입니다. 사실, 책을 쓰는 저의 의도는 진리를 쉽게 설명하고 사람들이 하나님의 말씀을 이해하기 쉽게 개인적인 예들을 나누고자 함입니다. 그러나 당신이 하나님의 말씀만 밤낮으로 묵상하기 때문에 저의 책을 전부 다 무시한다고 해도 저는 조금도 심기가 불편하지 않습니다. 그렇게 하는 것이 당신에게 더 좋습니다.

하나님의 말씀을 취하십시오. 그것을 밤낮으로 묵상하십시오. 옆에 앉아있는 사람보다 하나님의 말씀이 더 실재가 되는 그 상태까지 다다르십시오. 직장에서 사람들과 교류하는 동안, 일을 잘 처리하면서도 당신은 말씀을 계속적으로 생각할 수 있고 하나님은 당신에게 말씀하실 수 있습니다. 하나님의 말씀을 묵상하고 그것을 여러 가지 상황과 환경에 적용해 보십시오. 그렇게만 하면, 형통하려고 노력했던 그 어느 때보다 더욱 저절로 형통하게 될 것입니다.

주목하기

잠언 말씀입니다.

내 아들아 내 말에 주의하며 내가 말하는 것에 네 귀를 기울이라   잠 4:20

"내 말에 주의하라"는 말은 곧 주목하라는 뜻입니다. 어려서 학교에 다니던 때에 선생님께서 앞에서 말씀하시면 선생님을 똑바로 쳐다보긴 하지만 하시는 말씀에는 주의를 기울이지는 않았던 경험이 있으실 것입니다. 선생님 말씀을 한 귀로 듣고 한 귀로 흘려버립니다. 당신은 딴 생각을 하고 있던 것입니다. 다른 것에 집중하고 있었기 때문입니다.

그처럼, 많은 사람들이 성경을 읽기는 하지만 읽고 있는 말씀에 진정으로 주목하지는 않습니다. 그날 읽어야 할 분량을 다 읽고 나면 급하게 성경책을 덮습니다. 그리고 제가 즉시 "성경 어디에 몇 장을 읽고 계셨나요?"라고 물으면 방금 읽은 부분이 어딘지 대답을 못하는 사람들도 있습니다. 그렇다면 읽은 내용을 요약해서 얘기해 주지 못하는 것은 당연하겠지요. 정죄하려는 것이 아니라 그만큼 하나님 말씀에 집중하지 못한다는 것을 우리가 깨닫기 바라는 것입니다.

생명과 건강

제가 하나님의 말씀이 얼마나 중요하고 얼마나 능력이 있는지 강조할 때마다 사람들이 저에게 이렇게 말하곤 합니다. "저도 성경을 공부해 보았고 말씀을 읽어 보았습니다. 성경 전체를 다 읽어 보았지만 당신이 말한 그런 일은 저에게 없었습니다." 말씀이 당신의 삶에서 살아서 역사하려면 잠언 4장에서 말한 것처럼 하나님의 말씀에 주목하고 귀를 기울여야 합니다.

"귀를 기울이라"는 말은 머리를 가까이 갖다 대라는 말이 아닙니다. 마음으로 듣는 것, 그리고 집중하고 몰두하는 것을 말합니다. 하나님의 말씀을 머리로만 듣지 말고 마음으로 들어야 합니다.

하나님의 말씀을 우선순위에 놓고 높은 가치를 부여해야 합니다. 말씀 하나하나를 하나님으로부터 당신에게 직접 오는 것처럼 대하십시오. 말씀에 주목하십시오. 귀를 기울이십시오. 그렇게 하면 제가 말씀드린 결과를 얻게 될 것입니다.

> 내 아들아 내 말에 주의하며 내가 말하는 것에 네 귀를 기울이라 그것을 네 눈에서 떠나게 하지 말며 네 마음 속에 지키라 그것은 얻는 자에게 생명이 되며 그의 온 육체의 건강이 됨이니라
>
> 잠 4:20-22

하나님의 말씀은 생명입니다. 당신이 처한 상황이 그 아무리 침통하다 해도 하나님의 말씀은 당신의 육체에 생명과 건강을 주십니다.

> 그가
> 그의 말씀을 보내어
> 그들을 고치시고
> 위험한 지경에서
> 건지시는도다
> (시 107:20)

4장

변화를 받는 것

당신이 지금 낙심해 있다면 밤낮으로 말씀을 묵상하고 있지 않다는 뜻입니다. 로마서 8장 6절 말씀입니다.

> 육신의 생각은 사망이요 영의 생각은 생명과 평안이니라

낙심했거나 용기를 잃었거나 분노하고 있거나 용서하지 못하는 마음이 있거나 괴로운 마음을 가지고 있다면, 이런 것들은 사망의 열매들이며 사망을 심었기 때문에 사망의 열매를 얻게 된 것입니다. 문제의 근원이 무엇인지 알아야 합니다.

앞서서 제가 했던 말 중에 당신이 정원에 무엇을 심었는지 알기 위해서 씨를 심을 때 그곳에 제가 꼭 함께 있지 않아도 된다고 했던 말을 기억하십니까? 열매가 맺힌 후에 가면 당신이 무슨 씨를 심었는지 알 수 있습니다. 당신의 삶에 사망이 있다면, 즉 낙심하고 낙망하고 분노하고 고약한 마음을 가지고 있다면 하나님의

말씀을 묵상하지 않았다는 증거입니다. 영의 생각은 오직 생명과 평안만을 낳기 때문입니다.

'신약'을 드십시오

예수님이 말씀하셨습니다.

> 내가 너희에게 이른 말은 영이요 생명이라　　　　요 6:63

하나님의 말씀이 영이기 때문에 영의 생각이란 말씀적인 생각을 말합니다. 당신이 하나님 말씀적으로 생각하는 사람이라면 그것이 생명과 평안을 낳을 것입니다.

> 주께서 심지가 견고한 자를 평강하고 평강하도록 지키시리니
> 이는 그가 주를 신뢰함이니이다　　　　사 26:3

어떤 분들은 이렇게 말씀하실지도 모르겠습니다. "저도 그렇게 다 해봤지만 아직도 제 인생에 심각한 문제가 얼마나 많은데요." 그렇다면 당신은 하나님의 말씀을 읽었거나 누군가 다른 사람이 인용하는 것을 듣기는 했지만 본인이 직접 말씀에 주의를 기울이지는 않았던 것입니다. 귀를 기울이지 않았고 그분의 말씀을

당신의 마음에 담지 않았습니다(잠 4:20-22). 시선을 빼앗겨 다른 것에 집중했던 것입니다. 하나님의 말씀대로 한다면 말씀이 약속한 결과를 얻게 됩니다. 잠언 4장 20-22절은 하나님의 말씀이 그것을 찾는 자들에게 생명이 되며 그들의 온 육체에 건강이 될 것이라고 말씀합니다.

수천 명의 사람들이 질병에 걸려 저에게 와서는 이렇게 말했습니다. "저를 위해 기도해주세요!" 예, 저는 그런 분들을 위해 기도해 드릴 것입니다. 그러나 모든 사람을 위해 기도하는 바로 그 사람이 아프게 되면 어떻게 해야겠습니까? 질병이 공격할 때마다 저를 위해 대신 싸워 달라고 누군가에게 가야 합니까? 아닙니다. 저는 하나님의 말씀으로 갑니다. 머리가 아플 때 두통약을 먹는 것과 같습니다. 저에게 통증이 생기면 저는 '신약Gos-pill'을 먹습니다. 하나님의 말씀을 먹습니다.

건강이 흘러가다

질병의 증상이 저를 공격할 때면 저는 증상에 저항하고, 증상을 꾸짖고, 저의 믿음을 선포합니다. 그렇게 하면 대부분 정리됩니다. 이렇게 저는 40년 이상 이 신성한 건강을 유지하며 살고 있습니다. 이를 뽑아 아스피린 두 알을 먹은 것과 2주 동안 82시간 사역을 하느라 이틀 정도 비염이 있었던 것이 다입니다. 저는 병에 안 걸립니다. 병에 걸린다는 것을 믿지 않습니다. 그러나 질병의 증상이 저를 공격하기는 하며 한두 시간 정도 후에는 사라집니다. 증상을 꾸짖었는데 바로 좋아지지 않으면 저는 하나님의 말씀을 취합니다. 베드로전서 2장 24절과 같이 제가 이미 알고 있는 말씀을 묵상합니다. '그가 채찍에 맞으심으로 내가 나음을 입었다.' 그러나 기억력에 의존해 그냥 암송하는 것으로는 부족합니다. 성경을 꺼내 들고 그 말씀을 찾습니다. 하나님의 말씀은 그것을 얻는 자에게 생명이 되며 그의 온 육체의 건강이 됩니다 (잠 4:22).

하나님의 말씀이 당신의 육체에 건강이 됩니다!

> 그가 그의 말씀을 보내어 그들을 고치시고 위험한 지경에서 건지시는도다 시편 107:20

제 몸에 치유가 필요할 때 저는 하나님의 말씀을 취하여 묵상합니다. 그 말씀들이 제 육체에 생명과 건강이 되기 때문에 저는 그 말씀들을 먹습니다. 저는 그 말씀들을 암송하고 있지만 그래도 성경을 열어 그것을 공부합니다. 그렇게 할 때 성경은 다음의 진리를 보여줍니다.

> 믿음은 들음에서 나며 들음은 그리스도의 말씀으로 말미암 았느니라 　　　　　　　　　　　　　　　　　　롬 10:17

"믿음은 전에 들었던 것에서 나며"라고 하지 않았습니다. 현재 시제입니다. 우리는 계속적으로 하나님의 말씀을 들어야 합니다. 이런 구절들을 묵상할 때, 저는 제 안에 이미 존재하는 믿음을 일으킵니다(롬 12:3). 제가 그 구절들을 묵상할 때 건강이 저를 통해 흘러갑니다.

지난 40년간 질병의 증상들이 제 몸에 길게는 몇 시간 정도만 있었을 뿐입니다. 뼈가 부러졌던 것도, 부어오르는 것도, 삔 것도, 열이 나는 것도, 체한 것도, 멀미도 다 극복했습니다. 어떤 의사는 저에게 불치병이 있다고 한 적도 있습니다. 그러나 그 의사가 진단한 지 몇 시간 만에 완전히 치유되었습니다. 저는 수십 년간 이 방법으로 하나님의 말씀이 제 몸에 생명과 건강을 가져다주는 것을 경험하고 있고 이것은 실제로 역사합니다.

하나님의 말씀이 그 자신에 대해 그렇게 가르치고 있습니다. 그러나 "하나님 말씀은 중요하지"라고 말하는 사람들도 사는 모습을 보면 말씀이 정말 중요한 것처럼 살지는 않습니다. 그들은 밤낮으로 말씀을 묵상하지 않습니다. 그래서 그들의 삶에 성공도, 형통도 없는 것입니다.

나타내다

하나님께서는 로마서 12장 1, 2절을 사용하셔서 저의 삶을 완전히 변화시켜 놓으셨습니다. 1967년에, 이 말씀은 생전 처음으로 저에게 살아있는 말씀으로 다가왔습니다. 이 두 구절이 저에게 너무나 큰 영향을 미쳐서 정말이지 제 삶의 방향을 완전히 바꾸어 놓았습니다.

>너희는 이 세상과 일치하지 말고 너희 생각을 새롭게 함으로써 변화를 받아 하나님의 선하시고, 기뻐하시고, 온전하신 뜻이 무엇인지 입증하도록 하라.　　롬 12:2 , 한글킹제임스

이것이 바로 제가 구하고 있었던 것이었습니다. 저는 하나님의 뜻을 알고 싶었습니다. 그래서 '입증하다' 의 뜻을 찾아보았는데, 그것은 '실재적인 감각으로 알 수 있게 나타내다' 라는 뜻이었습니다. 바로 제가 원했던 것이었습니다. 저는 하나님의 계획이 제 삶에 실재적으로 physically 나타나길 원했습니다. 저는 하나님께서 저에게 계획이 있으심을 알았습니다. 그것을 믿었습니다. 다만 그것이 무엇인지를 몰랐던 것이지요. 주님의 뜻이 실재적으로 제가 인식할 수 있게 나타나지 않았습니다. 저는 그 계획이 존재한다는 것을 알았고 그것이 나타나기를 원했습니다. 그래서 수개월 동안 이 구절에 집중했습니다. 이 구절 뒷부분에 약속되어 있는

선하시고, 기뻐하시고, 온전하신 하나님의 뜻이 실재 영역으로 드러나는 것을 저는 원했습니다. 그래서 원하는 것을 얻으려면 무엇을 해야 할지 알아내기 위해 로마서 12장 1절과 2절의 앞부분을 살펴보았습니다.

12장 1절은 저의 삶을 극적으로 변화시켰고 저를 완전히 새로운 방향으로 인도하였습니다. 이 부분을 석 달 반 동안 묵상한 후에 하나님께서 그분의 사랑을 저의 삶에 부어주시는 것을 경험하게 되었습니다. 이 일은 1968년 3월 23일에 일어났고 제 삶의 방향을 바꾸어 놓았습니다. 그 이후로 저는 완전히 변화되었습니다.

그 경험이 중요하긴 했지만 그 후로 하나님의 말씀에 대한 저의 지식이 자라지 않았더라면 하나님을 만났던 그 경험의 유익도 잃어버리고 말았을 것입니다. 아마도 당신은 이런 생각을 하실 수도 있겠습니다. "나도 하나님을 진짜 대면할 수만 있다면, 환상을 보거나 주님께서 나에게 나타나 주시기만 한다면 그때는 내 삶도 완전히 변할 텐데." 저도 몇몇 기적적인 하나님과의 대면이 있었지만 확실히 말씀드릴 수 있는 것은 그 경험과 감정에 의지해서는 절대 살 수 없다는 것입니다. 그때 그렇게 하나님을 만난 지 40년이 넘었습니다. 제가 40년 전의 그 경험으로만 살아가고 있었다면 저는 메마르고, 생명이 없는 죽은 자처럼 되어 있었을 것입니다.

하나님과의 그 만남이 저를 깨운 것은 맞습니다. 저의 눈을 뜨게 하고 비전을 갖게 해 주었습니다. 저에게 동기를 부여해 주었습니다. 좋은 경험이었으므로 그로 인해 하나님을 찬양합니다만 저의 삶을 진짜 바꿔 준 것은 로마서 12장 2절입니다.

> 너희는 이 세대를 본받지 말고 오직 마음을 새롭게 함으로 변화를 받아 하나님의 선하시고 기뻐하시고 온전하신 뜻이 무엇인지 분별하도록 하라

저에게도 바로 이 일이 일어난 것입니다. 생각mind을 새롭게 함으로써 제가 변화를 받은 것이지요. 하나님과 대면했던 그 초자연적인 경험을 하면서 그것이 저의 소원을 바꾸었으며 인생의 방향을 바꿔주었습니다. 그럼에도 불구하고 완전히, 하나도 남김 없이, 저의 모든 것을 변화시킨 것은 하나님의 말씀을 통해 저의 생각을 새롭게 한 결과였습니다. 제가 경험해 온 모든 능력과 승리에 대해 하나님의 말씀에 영광을 돌립니다. 그 말씀은 살아서 지금도 저에게 말씀하십니다.

녹여버리다

로마서 12장 2절입니다.

이 세대를 본받지 말고

'본받다'로 변역된 헬라어 원어는 '틀에 붓다'라는 뜻입니다. 당신은 이 세상에 왔던 그 모습 그대로 이 세상을 떠나지는 못합니다. 올 때는 순수하고 순진하고 인생에 확고한 계획이나 방향이 없는 아기였습니다. 그런데 스물, 서른, 마흔, 그렇게 나이가 들면서 이 세상의 압력은 당신을 녹여버립니다. 우리 모두가 녹아버릴 것입니다. 모양과 형태, 방향이 바뀌게 됩니다. 그러나 좋은 소식이 있습니다. 녹아진 후에 들어갈 틀은 직접 고를 수 있습니다.

이 세상의 압력은 모든 사람을 세상의 수동적인 틀에 강제로 넣어버리는 경향이 있습니다. 사람들은 꿈과 목적을 잃을 때, 용서하지 않는 마음을 품거나 쓴 뿌리를 갖게 됩니다. 이 세상이 당신을 집어넣으려고 하는 틀이 바로 그것입니다. 그러나 꼭 그 틀에 들어가지 않아도 됩니다. 변화를 받기로 선택하면 됩니다.

제가 이것을 처음으로 이해한 것은 베트남으로 징병되기 위해 영장을 받은 날이었습니다. 징병된 사람들 대부분은 저처럼 십대였습니다. 열아홉의 나이에 저는 보병 훈련을 마쳤습니다. 저와 함께 그 훈련을 받은 사람들은 한 사람만 제외하고 모두 베트남으로 징병되었습니다. 그러자 바로 대부분의 사람들이 두려움에 떨면서 울기 시작했습니다.

제가 지금 이 글을 쓰고 있는 현재, 미국은 이라크와 전쟁 중입니다. 많은 젊은이들이 자유를 위해 자신의 생명을 바쳤습니다. 목숨을 바친 모든 사람들에게 사연이 있었을 것이며 그들을 그리워하는 사랑하는 가족과 친구, 이루지 못한 꿈과 소망이 있었을 것입니다. 그러나 2, 3년에 걸친 이라크전에 잃은 1,700명의 목숨보다 베트남전에서 잃은 미군의 수가 훨씬 더 많습니다. 이라크 내에도 자동차 폭발과 같은 위험이 있지만 제가 징병되었던 당시 베트남전에서 있었던 일과는 비교할 수 없습니다. 박격포와 폭탄, 위장 폭탄이 있었으며 총을 가지고 정면으로 나를 죽이러 오는 적군이 있었습니다. 베트남으로 징병되는 순간, 적과 마주치게 된다는 것을 모두가 알았습니다. 몇 사람만 총에 맞을 가능성이 있는 것이 아니라 모두에게 그런 위험이 있었습니다. 그래서 징병을 당하면 모두가 완전히 무너져 버리는 것입니다.

징병소식을 듣고 그 방에 있던 사람들이 모두 울고 있을 때, 군목이 들어와 말했습니다. "베트남에 가는 것은 마치 불속으로 들어가는 것과 같다. 그곳은 너희를 녹여버릴 것이다. 그러나 녹은 후에 어떤 틀에 들어갈 것인지는 본인이 정하는 것이다. 이것이 꼭 나쁜 경험이 될 것이라고는 생각하지 말아라. 긍정적인 경험이 될 수도 있다." 이것은 하나님께서 이 군목을 사용하셔서 저에게 하신 말씀이었습니다.

생각을 새롭게 하십시오

당신이 전쟁터의 군인은 아닐지라도 이 세상의 압력은 여전히 당신을 녹여버릴 것입니다. 그러나 다른 사람들처럼 부정적이 되고, 원한을 풀지 않고, 용서하지 않을 것인지는 당신이 정하는 것입니다. 투덜거리면서 불평할 것인지 아니면 일어난 일들을 통해 하나님을 향한 당신의 헌신을 더욱 강하고 안정적이게 만들 것인지는 당신이 정하는 것입니다. 그러면 어떻게 그런 선택을 할 수 있을까요?

> 너희는 이 세대를 본받지 말고 오직 마음을 새롭게 함으로 변화를 받아 하나님의 선하시고 기뻐하시고 온전하신 뜻이 무엇인지 분별하도록 하라 롬 12:2

'변화를 받아'로 번역된 헬라어는 '메타모르파오metamorphoo'입니다. 이 단어에서 생물학 용어인 '변태metamorphosis'가 나왔습니다. 작은 애벌레가 누에고치를 만들고 시간이 지난 후에는 아름다운 나비가 되어 나옵니다. 땅을 기어 다니는 징그러운 존재에서 하늘을 나는 아름다운 존재로 변화되려면 당신도 이러한 과정을 겪어야만 합니다. 연약하고 무능하고 온갖 문제에 묶인 사람에서, 내면에서부터 흘러나오는 하나님의 풍성한 생명을 풀어놓으며 그것을 경험하는 사람으로 변화되고 싶으십니까? 하나님의 말씀은 이것이 생각mind을 새롭게 함으로 가능하다고 하십니다. 하나님의 말씀으로 당신의 생각을 새롭게 해야만 합니다.

생각을 닫아버리고 아무것도 생각하지 않는 상태는 될 수 없습니다. 가끔 사람들에게 무슨 생각을 하느냐고 물으면 "아무 생각도 안 해요."라고 대답할 때가 있습니다. 사실 그들은 뭔가를 생각하고 있었습니다. 아무것도 생각하지 않을 수는 없습니다. 당신의 생각mind은 계속적으로 돌아가고 있기 때문입니다. 잠을 잘 때도 당신의 잠재의식이 꿈을 만들어 냅니다. 깨어 있든 아니든 간에 당신의 생각을 닫아버리고 아무 생각도 안 할 수는 없습니다. 당신이 할 수 있는 것은 주님에 관한 생각을 할 것인지 아니면 세상에 관한 생각을 할 것인지, 생각하는 내용을 결정하는 것입니다.

세상의 생각은 육신적이고 자연적인 것들을 말합니다. 세상적이라고 해서 반드시 마귀적이거나, 외설스럽거나, 끔찍하거나, 불경건할 필요는 없습니다. 괜찮은 것들일 수도 있습니다. 꼭 나쁜 것일 필요는 없습니다. 그럼에도 불구하고 당신이 이 세상의 것들에 지배당하고 있다면 절대로 변화를 경험하지는 못할 것입니다.

세상에서 가장 위대한 것

애벌레가 나비가 되는 것과 같이 당신의 생각이 변화되길 원한다면 하나님의 말씀을 통해 생각을 하나님께 고정시켜야 합니다. 하나님이라는 틀에 부어지기 원한다면, 그것은 하나님의 말씀으로만 될 수 있습니다. 그 외에 다른 방법은 없습니다. 하나님께서 우리를 만지시는 것을 느낄 수도 있긴 합니다. 그분은 우리를 사랑하시기 때문에 특별히 고난 중에 있을 때 하나님께 부르짖으면 우리를 만져주십니다. 사람들은 이런 경험을 '하나님을 만났다'라고 표현합니다. 주님과 만난 것일 수도 있습니다. 하나님께서 당신에게 말씀하셨고 그것이 당신의 삶에 큰 영향을 미친 것일 수도 있습니다. 그러나 제가 장담할 수 있는 것은 그러한 감정적인 경험은 그다지 오래가지 못한다는 것입니다. 당신의 경험이 감정적인 단계에만 머무른다면 하나님과의 관계를 유지할 수 없고 변화는 단연코 이룰 수 없습니다.

당신의 생각을 새롭게 해야만 합니다. 오랜 기간 지속되는 변화를 경험하거나 당신의 삶이 바뀌는 것을 보고자 한다면 반드시 말씀으로 변화되어야 합니다. 생각을 새롭게 해야 합니다. "그건 너무 나를 구속하려 드는 것 아닙니까?"라고 항변하시는 분들도 계시겠지만, 저에게 있어서 이것은 너무 멋지기만 합니다. 너무 간단한 방법이기에 저는 이 진리를 사랑합니다. 변화되기 위해 필요한 것은 오직 말씀을 주야로 묵상하는 것뿐입니다(수 1:8). 주님과 그분의 진리를 당신의 생각 안에 두십시오. TV '막장 드라마'를 묵상하지 마시고, 하나님의 말씀에 당신의 생각을 머물게 함으로써 계속해서 말씀을 생각해 보십시오. 하나님의 말씀을 묵상함으로 당신의 생각을 주님께 고정시킨다면 노력하지 않고도 저절로 삶이 변화되기 시작할 것입니다.

사람들은 이것이 진짜란 것을 믿기 힘들어합니다. 당신도 만약 그렇다면 해보기도 전에 거부하지 마십시오. 제가 해 봤습니다. 저는 수천 시간, 아니 수만 시간을 하나님 말씀을 묵상하며 보냈습니다. 나에게 말씀하시는 하나님의 음성을 들으며 하나님 말씀 안에 머무는 것보다 더 도전을 주고 깨달음을 주는 일은 없습니다. 그러다 보면 갑자기 말씀에 나타난 원리나 말씀 속의 인물이 겪은 일들 중에서 제 삶에 적용할 부분을 발견하게 됩니다. 그러면 하나님께서 그분의 말씀과 저의 삶을 바로 연결해 주십니다. 세상에서 가장 위대한 일은 하나님의 말씀을 통해 하나님께서 저에게 직접 말씀하시는 것을 경험하는 것이라고 생각합니다.

목적이 아니라 열매

그러나 많은 그리스도인들이 하나님의 말씀에 대해 이렇게 생각하지 않습니다. 성경이 따분하다고 생각하지는 않아도 성경말씀이 어떤 소설보다도 흥미진진하다고는 생각하지 않습니다. 개인적으로 저는 하나님의 말씀에 담긴 주제들이 세상의 어떤 소설보다 뛰어나며 그 줄거리는 어느 누구도 생각해 내지 못하는 것들이라고 생각합니다. 성경은 너무나 놀라운 내용으로 가득차 있습니다. 그럼에도 불구하고 많은 그리스도인들이 그냥 책을 읽듯이 성경을 읽으며 하나님께서 원하시는 만큼 그분께로부터 깨달음을 받기 위해 하나님을 만나지는 않습니다. 그들은 말씀을 통해 하나님과 함께 하는 시간이 최고로 신나는 일이라고는 말하지 못합니다.

저는 제 생애에 가장 기쁘고 신났던 일은 하나님의 말씀을 공부하면서 하나님과 단둘이 보냈던 시간이라고 진정으로 고백할 수 있습니다. 말씀을 묵상하다 갑자기 하나님의 마음과 연결되는 순간입니다. 말씀을 통해 하나님께서 저에게 하고자 하시는 말씀이 무엇인지 저는 압니다. 하나님께서 저에게 직접 계시를 주십니다. 저는 그것이 제 삶에 일어났던 일 중에 가장 위대한 일이었다고 진정으로 말할 수 있습니다. 저는 저의 아들을 포함하여 몇몇 죽은 사람들을 살린 경험이 있습니다. 하나님께서 저를 통해 위대한 기적과 치유를 행하셨습니다. 이러한 일들이 놀랍지 않고 신나지 않다고 말하는 것은 아닙니다. 이런 일을 일으킨 것은 바로 하나님의 말씀이었고 또한 하나님 말씀을 통해 가졌던 저와 하나님과의 친밀한 관계에서 비롯된 것이었습니다. 그런 일들은 목적이 아니라 열매인 것입니다. 하나님의 말씀으로 저의 생각을 바꾼 것이 저의 인생을 바꾸어 놓았습니다.

변화되고 싶다면 그 길은 하나님의 말씀을 취하여 밤낮으로 묵상하는 것입니다. 말씀에 머무십시오. 그러면 말씀이 당신을 변화시킬 것입니다. 얼마나 신나는 일입니까!

> 낙심하셨나요?
> 하나님의 말씀을
> 취하십시오.
> 하나님의 약속을
> 선포하십시오.
> 곧 행복해질 것입니다!

5장

혼(soul)을 변화시키기

주님께서 말씀의 중요성을 저에게 보여주셨을 때 저의 삶이 어떤 상황이었는지 분명하게 기억하고 있습니다. 그때 저는 막 하나님께 헌신했을 때였습니다. 저는 하나님의 뜻을 구하고 있었는데 그때 하나님께서 저에게 대학을 그만두라고 하시는 것 같았습니다. 당시 베트남전이 한창일 때라, 제가 하나님의 뜻을 따라 대학을 그만둔다는 것은 곧바로 베트남전에 징병된다는 뜻이었습니다. 또한 아버지가 돌아가신 이후로 받아오던 정부지원금도 받지 못하게 되는 상황이었습니다. 학교만 다니면 계속 받을 수 있었던 지원금이었습니다. 그래서 주님을 따르는 데에는 치러야 할 대가가 있었습니다. 제가 죽을 수도 있었던 전쟁터로 보내진 것이지요. 그것뿐만 아니라 그때까지 제가 신뢰하고 의지했던 모든 사람들이 그것은 하나님의 뜻이 아니라고 했습니다. 그분들은 제게 이 일은 마귀로부터 왔으며 제가 사역자가 되려면 신학교에 가야 한다고 했습니다. 모두가 저에게 바보 같은 생각을 한다고 하면서 정규 과정을 밟지 않으면 사역을 할 수 없다고 했습니다. 좋은 의도로 저에게 충고하는 분들에게 반항할 생각은 없었습니다. 다만 하나님께서 저의 마음에 하시는 말씀을 제가 깨달은 대로 순종하고 싶었습니다.

로마서 12장 말씀을 읽고 있을 때, 하나님께서 말씀하셨습니다. 제가 그분의 말씀을 취해 묵상한다면 그분의 말씀이 제 삶에 필요한 모든 것을 성취한다는 것을 하나님께서 보여주셨습니다. 너무도 심각한 결정의 순간에 그것이 얼마나 제게 위안이 되고 분명하게 저의 갈 길을 인도해 주셨는지 다 말씀드릴 수 없을 정도입니다. 그 뒤로 저는 하나님의 말씀에 저를 쏟아부었고 지금 40년이 지난 이후 제 삶 속에서 하나님의 뜻이 계속적으로 성취되고 있습니다. 저의 삶과 사역을 변화시킨 것은 하나님 말씀에 대한 계시였고 이것은 당신에게도 동일하게 역사할 것입니다.

성경에서 가장 긴 시편 119편의 176개 구절은 한 구절 한 구절이 모두 다 하나님 말씀의 중요성에 관한 것입니다. 이 놀라운 시편의 몇몇 구절들을 살펴보겠습니다.

> 청년이 무엇으로 그의 행실을 깨끗하게 하리이까 주의 말씀만 지킬 따름이니이다   시 119:9

> 내가 주께 범죄하지 아니하려 하여 주의 말씀을 내 마음에 두었나이다   시 119:11

주의 법을 사랑하는 자에게는 큰 평안이 있으니 그들에게 장애물이 없으리이다   시 119:165

회복되다

시편 19편도 하나님의 말씀의 중요성과 하나님의 말씀이 어떻게 우리의 삶을 변화시킬지에 대해 말씀합니다. '여호와의 율법', '여호와의 증거', '여호와의 교훈', '여호와의 계명'이라고 다양하게 표현되었지만 모두 하나님의 말씀을 뜻합니다.

주의 율법은 완전하여 혼을 회심시키며
시 19:7, 한글킹제임스

히브리어로 '회심시키다convert'는 '다시 돌아가다'라는 뜻입니다. 많은 사람들이 삶에서 비극을 경험합니다. 그들의 혼이 멍들고, 다치고, 상합니다. 보통의 사람들은 이 고통을 계속해서 품고 있습니다. 자유함을 얻지 못합니다. 그래서 대부분의 사람들은 인생이 원래 그런 것이라고 생각하면서 그 고통을 받아들입니다.

사람들이 이런 것을 받아들이는 이유는 이것이 바로 세상이 인생을 바라보는 관점이기 때문인데, 이것은 하나님의 초자연적인 능력을 제외한 생각입니다. 하나님을 제외한 자연적 세계에서는 그것이 맞습니다. 인간은 자라온 환경의 결과물일 뿐이지요. 언어폭력, 구타, 성폭력 등의 피해자라면 그것으로 인해 상처를 받게 됩니다. 매 맞고, 정죄받고, 아무것도 할 수 없는 존재, 아무 가치도 없는 존재라는 말을 듣고 자랐다면 이런 것들이 인생에 큰 영향을 끼칠 것입니다.

그러나 하나님께서는 이런 것들을 참고 견뎌낼 정도 만큼만의 능력을 주신 게 아닙니다. 하나님은 당신을 완전히 변화시켜서 그런 일들이 일어나지도 않았던 것과 같이 만들어 주실 수 있기 때문입니다. 그분의 말씀을 통해서 하나님은 당신의 혼을 회심시키길, 즉 인생의 문제들이 당신을 짓누르기 전의 상태로 돌려놓기를 원하십니다(시 19:7).

당신이 무언가, 또는 누군가에 의해 상처를 입었다면 그것을 5년, 10년, 20년, 30년 간 짊어지고 다닐 필요가 없습니다. 당신은 그것을 극복할 수 있습니다. 하나님의 말씀이 당신의 혼을 회심시켜서 하나님이 계획하셨던 상태로 돌이켜 놓으실 것입니다.

지혜

아담과 하와의 타락 이후, 우리의 생활방식과 상황은 너무도 부정적이며 하나님께서 원래 계획하셨던 것과는 너무 다른 환경이 되었습니다. 평범한 어린 아이가 고등학교를 졸업할 때쯤이면 이미 텔레비전을 통해 수천, 수만의 잔인한 살인 장면을 목격한 상태가 됩니다. 주님께서 인류가 감당하라고 하신 적이 없는 성적 부도덕과 경건치 않은 것들에 아이들이 노출되어 있습니다. 이런 것들을 어떻게 극복할 수 있을까요? 하나님의 법은 그냥 좋은 것이 아니라 완벽합니다. 세상의 것들보다 조금 나은 것이 아닙니다. 하나님의 법은 완벽하며 당신의 혼soul을 원래의 상태로 회복시킬 것입니다.

너무나 많은 사람들이 실패한 결혼, 손해나 실망, 깨어진 인간관계로부터 오는 상처와 고통을 수년간 버리지 못하고 그 짐을 지고 다닙니다. 도통 회복하지 못하는 듯 보입니다. 그 이유는 바로 그들이 하나님의 말씀을 읽고 자신들의 삶에 적절하게 적용하지 않기 때문입니다. 시편 19편 7절은 하나님의 말씀이 완벽하다고 말해주고 있습니다. 말씀은 당신의 혼을 변화시킬 것입니다. 말씀은 당신을 하나님께서 원래 계획하셨던 상태로 회복시킬 것입니다.

시편 19편 7절은 다음과 같이 계속됩니다.

> 여호와의 증거는 확실하여 우둔한 자를 지혜롭게 하며

하나님의 말씀은 생각을 바로 하지 못하고 실수를 연발하는 어리석은 사람도 지혜롭게 만들어 줍니다. 저는 어리석은 결정을

해서 그로 인해 고통당했던 사람들의 온갖 이야기를 들었습니다. 그들은 간통을 하고나서 결국 수치와 망신을 당합니다. 직장을 잃고 교회와 친구들도 잃습니다. 에이즈 같은 질병에 걸리기도 합니다. 우리 인간들이 저지르는 어리석은 일의 결과는 한두 가지가 아니지요. 가끔 저는 사람들에게 이렇게 묻기도 합니다. "그렇게 어리석은데 숨은 어떻게 쉬고 삽니까?" 어떤 사람들이 저지르는 일들은 놀랍기까지 합니다.

'나도 그런 실수를 해 보았는데 스스로 제어할 수 있는 일이 아닙니다.'라고 생각하는 분들도 계실 것입니다. 시편 19편 7절을 보니 하나님의 말씀이 어리석은 자에게 지혜를 준다고 약속하고 있습니다. 어리석게 살아왔더라도 하나님의 말씀이 당신을 지혜롭게 만들어 줄 것입니다. "나는 다른 사람들처럼 머리가 좋지 않아"라는 거짓에 굴복하지 마십시오. 하나님의 말씀이 당신의 사고능력에 생명을 불어넣어주고 이해력을 줄 것입니다.

행복해지십시오

너무 많은 사람들이 낙심하고 패배하였습니다. 기뻐할 이유를 찾지 못합니다. "저에게 많은 일이 있었단 말이에요."라면서 변명을 하고 힘들어 합니다. 낙심하고 패배한 사람들에게 하나님의 말씀은 뭐라고 하시는지 아십니까?

여호와의 교훈은 정직하여 마음을 기쁘게 하고　　시 19:8

당신이 기쁨과 평안으로 충만하지 않다면 문제는 당신의 상황이 아닙니다(벧전 1:8). 기쁨의 기름과 찬송의 옷 대신 재와 슬픔, 무거운 마음을 가지고 있다면 마음속에 채워져야 할 빈 곳이 있기 때문입니다(사 61:3). 하나님 말씀의 진리를 모르고 있는 것입니다. 주님의 교훈은 정직하여 당신의 마음을 기쁘게 할 것입니다. 낙심했다면 하나님의 말씀을 읽고 묵상하십시오. 스스로에게 하나님의 약속을 말해 주십시오. 금방 행복해질 것입니다!

시편 19편 8절은 계속해서 이렇게 말씀하십니다.

여호와의 계명은 순결하여 눈을 밝게 하시도다

반이 차 있는 컵을 보며 항상 반이 비어있다고 보는 부정적인 인식을 버리고 정확하게 사물을 보기 위해 하나님의 말씀을 묵상하는 것은 노력할 가치가 있지 않을까요? 모든 것의 긍정적인 면을 보는 것과 모든 것에서 길을 발견하는 것이 얼마나 유익합니까? 그것이 바로 하나님의 말씀이 하시는 일입니다.

위대한 상급

여호와를 경외하는 도는 정결하여 영원까지 이르고 여호와의
법도 진실하여 다 의로우니 금 곧 많은 순금보다 더 사모할
것이며 꿀과 송이꿀보다 더 달도다   시 19:9-10

저에게 하나님의 말씀은 금보다 훨씬 더 귀하며 정금보다도 훨씬 귀합니다. 저에게 말씀은 꿀보다도 답니다. 당신이 만일 말씀을 큰돈보다 더 원한다면 또는 가장 좋아하는 음식보다 더 원한다면, 말씀을 어떻게 대하시겠습니까? 당신도 욥처럼 이렇게 말할 수 있을 것입니다.

내가 그의 입술의 명령을 어기지 아니하고 정한 음식보다
그의 입의 말씀을 귀히 여겼도다   욥 23:12

하나님의 말씀을 이렇게 추구한다면 당신의 삶은 완전히 변화될 것입니다.

또 주의 종이 이것으로 경고를 받고 이것을 지킴으로 상이
크니이다   시편 19:11

어떤 문제에 직면하기 전에 경고를 받을 수 있다면, 또는 하나님

께로부터 오지 않은 인간관계를 맺기 전에 경고를 받는다면, 잘못된 직장에 들어가기 전이나 문제가 많은 차를 사기 전, 또는 당신의 건강에 해를 끼칠 일을 시작하기 전에 경고를 받을 수만 있다면 삶에 얼마나 유익이 될까요? 문제가 닥치기 전에 그것을 볼 수 있고 피할 길을 택할 수만 있다면 그것이 당신에게 얼마나 가치가 있겠습니까? 하나님의 말씀이 바로 그런 일을 하십니다. 하나님의 말씀을 지키면 위대한 상급이 있습니다!

계속 심으십시오

하나님의 말씀을 삶의 중심에 두시기를 권합니다. 말씀을 밤낮으로 묵상하십시오. 그렇게 할 때, 당신이 애쓰지 않아도 말씀이 삶을 변화시킵니다. 저절로 됩니다. 하나님의 말씀으로 생각을 바꾸면 하나님의 선하고 기뻐하시고 온전하신 뜻을 증명(육적인 감각으로 알 수 있도록 나타나게)할 수 있습니다.

만일 주님께서 약속하신 풍성함과 승리를 경험하지 못하고 있다면 그것은 하나님 탓이 아닙니다. 더 오래 기도하고 더 간절히 간구한다고 바뀌는 것은 없습니다. 하나님의 말씀인 썩지 않을 씨를 취하여 당신의 마음이라는 정원에 계속해서 심어야 합니다.

세례요한이 의심했을 때,
예수님은 요한이
그의 의심을 이길 수 있도록
하나님의 말씀으로
요한을 인도해 주셨습니다.

6장

당신도 의심할 수 있습니다

당신은 당신의 생각대로 됩니다(잠 23:7). 대부분의 사람들에게 문제가 있는 이유는 그들이 생각을 통제하지 않기 때문입니다. 주님께 생각을 고정하기 위해 뭔가 특정한 것을 하지 않으면 당신의 생각은 자연스레 어디론가 가버립니다. 우리에게 하나님을 보여주고, 우리가 하나님을 바라보며 하나님께 가까이 가도록 해주는 것은 하나님의 말씀 외에 별로 없습니다. 하나님의 말씀은 순결한 빛입니다(시 19:8). 하나님의 말씀을 공부하고 묵상할 때 그 말씀이 당신의 사고방식을 바꿉니다. 우리의 생각이 바뀌면 우리의 삶이 바뀝니다. 그렇기 때문에 하나님의 말씀으로 우리가 지배받는 상태에 이르러야 하는 것입니다(눅 7:18-23 참고). 세례 요한이 의심했을 때, 예수님은 요한이 그의 의심을 이길 수 있도록 하나님의 말씀으로 요한을 인도해 주셨습니다. 간단한 것 같지만 깊은 의미가 있습니다. 그래서인지 많은 사람들이 이 진리를 믿지 않습니다.

자신의 책임

저는 찬양이 끝날 때쯤 돼서야 무대에 슬며시 올라가는 그런 사역자는 아닙니다. 오신 분들과 집회 전후에 얘기를 많이 합니다. 저희가 집회를 하면 예배 때 설교하는 시간 외에도 제가 직접 사람들을 일일이 만나 일대일로 사역하는 시간만 두세 시간 정도 됩니다. 그렇게 수백 명의 사람들을 정기적으로 얼굴을 맞대어 섬기기 때문에 많은 분들이 힘들어 한다는 것을 잘 알고 있습니다. 그들에게는 의심과 두려움이 있습니다. 그들은 의사에게 사형선고를 들었고 제가 그것을 극복할 수 있도록 도와주기를 바랍니다. 저에게 한 번 안수를 받아 그 두려움이 사라지길 바랍니다. 제가 자신들에게 치유를 부어주길 바랍니다. 제가 도움이 될 수 없다는 말이 아니라 사람을 바라봐서는 안 된다는 말씀을 드리는 것입니다.

세례요한이 의심했을 때 예수님께서는 "오, 요한아. 나도 너의 심정을 이해해. 내가 처리해 줄게."라고 하지 않으셨습니다. 주님이 요한에게 안수를 해서 그가 의심과 죄책감에서 자유하게 된 것이 아닙니다. 절대 그렇지 않습니다. 예수님께서는 요한이 하나님의 말씀으로 돌아가게 해 주셨습니다.

당신이 하나님의 말씀을 취해 스스로 사용할 수만 있게 된다면 이 집회 저 집회를 다니며 사람들에게 기도해 달라고 애걸할 필요가 없게 됩니다. 제가 드리는 말씀을 곡해하여 듣지는 마십시오. 누군가에게 기도를 받는 것이 잘못됐다는 말이 아닙니다. 하나님의 말씀을 묵상하여 그 말씀 속에 있는 생명이 당신의 삶에 풀어져 나오기까지는 시간이 걸립니다. 그렇게 되기까지 씨를 심으면서 그 씨가 당신의 삶에 자유함을 가져다 줄 만큼 자랄 때까지는 고집을 부리며 다른 사람의 도움을 받지 않거나 다른 사람에게 기도를 부탁하지 않는 교만을 가져서는 안 됩니다.

그러나 자신의 책임을 거부하는 그런 사람이 되지는 말라는 말씀을 드리는 것입니다. 그런 사람들은 스스로 하나님 말씀을 묵상하지 않기에 그 말씀으로 인해 변화되지도 않으며 앞으로도 그럴 생각이 없는 사람들입니다. 그들의 삶은 일과 향락 그리고 정신을 빼앗는 잡다한 것들로 가득합니다. 그들은 하나님의 말씀을 자신들의 삶의 중심에 두고자 하는 의도가 전혀 없습니다. 그들도 다른 여느 사람들처럼 직접 주님을 찾는 대신 우리 같은 사역자들에게 자신들을 대신하여 하나님께 구하여 달라고 합니다. 그렇게 해도 아무런 효과가 없을 것입니다.

다시 말씀드리지만, 주님을 찾으며 성장하는 과정 중이라면, 그래서 주님의 말씀이 당신의 삶 속에서 역사하기를 기다리는 중이라면 문제를 해결받기 위해 다른 사람의 도움을 구하셔야 합니다. 그러나 시도도 하지 않고 하나님의 말씀을 스스로 묵상할 생각도 없는 그런 사람이 되지 마시라는 말씀입니다. 하나님 말씀을 묵상할 시간도 없을 정도로 바빠서 다른 사람들로부터 복음까지도 베껴야 한다면 그런 것은 효과가 없을 것입니다.

텔레비전이나 라디오로 나가는 제 설교를 당신이 좋아하신다면 저도 기쁩니다. 그 어느 누구의 설교방송이나 기독교 방송을 비난하는 것도 아닙니다. 기독교 방송은 많은 사람들에게 주님의 축복이었습니다. 그러나 당신이 주님으로부터 받는 영양분이 벌써 누군가에서 소화되고 난 것들뿐이라면 많이 성장하기는 어렵습니다. 말씀을 직접 묵상하지 않는다면 성숙해지지 않을 것입니다.

완전한 결단

요한이 의심하고 있었을 때 주님은 그가 말씀으로 다시 돌아갈 수 있도록 도와주셨습니다. 그 문제를 대신 해결해 주지 않으셨습니다. 요한에게 안수해서 문제를 처리해 주지 않으셨습니다. 예수님은 요한에게 말씀으로 돌아가라고 하셨습니다.

> 요한이 옥에서 그리스도께서 하신 일을 듣고 제자들을 보내어 예수께 여짜오되 오실 그이가 당신이오니이까 우리가 다른 이를 기다리오리이까 마 11:2-3

세례요한은 하나님께서 놀랍게 사용하신 사람이었습니다. 구약과 신약을 통틀어 성경에 나온 사람들 중 어머니 배 속에서부터 성령으로 세례 받은 유일한 사람이었습니다(눅 1:15). 그는 육신이 태어나기도 전에 성령 충만함을 받은 사람이었습니다. 요한은 하나님께 능력 있는 기름부음과 축복을 받은 독특한 인물이었습니다.

요한은 자기 사역을 위해 광야에서 30년을 준비했습니다. 평범한 사람들이 경험하는 것은 전혀 경험하지 못하고서 말입니다. 오직 자신의 부르심에만 집중했습니다. 그리고는 등장해서 6개월 안에 유대 민족을 뒤집었을 뿐만 아니라 주변 국가들에게도 영향을 주어 메시아가 오실 것을 기대하도록 만들었습니다. 그때까지 있었던 그 어떤 부흥보다 위대한 부흥을 일으킨 사람입니다. 요한은 바로 이런 인물이었습니다.

한때 요한은 예수님께서 메시아라는 것을 완전하게 확신했었습니다. 그는 자기 제자들을 그리스도에게 보내면서 "그는 흥하여야 하겠고 나는 쇠하여야 하리라"고 외치기도 했습니다(요 3:30). 바리새인들이 요한에게 와서 예수님을 질투하게 만들려고 "예수가 당신의 제자들보다 더 많이 세례 주는 것을 모르느냐?"고 했을 때도 그는 질투하지 않고 "나는 그의 신발 끈을 매기에도 합당치 않다."고 했습니다(요 1:24-27 참고). 요한은 자기의 자리를 알았던 사람입니다. 요한은 예수님이 누구신지 알았고 그분께 완전히 헌신했던 사람입니다.

얼음 위의 불덩어리

그러나 얼마나 더 있어야 할지 알 수 없는 시간을 감옥에서 보내다 보니 그의 자신감이 흔들리기 시작했습니다. 그는 최소 6개월에서 2년 정도 감옥에 있었던 것으로 보이는데 이 시간이 하나님을 향한 불덩어리 요한을 얼음 속에 넣어버렸습니다. 요한은 그를 따르는 사람들과 만날 수 없었고 사람들에게 영향력을 끼칠 수 없었습니다. 이렇게 긴 시간이 흐르자 이 고난의 시간이 요한을 지치게 했습니다.

그래서 세례요한이 남아있던 두 명의 제자를 예수님께 보내 그가 메시아인지 아니면 다른 이를 기다려야 하는지 물어보았을 때, 요한이 새 신자가 아니었음을 기억하십시오. 요한은 자기가 질문한 이 질문에 답을 가졌었던 사람이었습니다. 한때는 조금의 의심도 없이 예수님이 그리스도라는 것을 알았던 사람이었습니다. 그러나 이 어려움 속에서 그는 예수님이 메시아인지 의심하고 있었습니다.

> 오실 그이가 당신이오니이까 우리가 다른 이를 기다리오리이까　　　　　　　　　　　　　　　　　　　　마 11:3

이것은 다름 아닌 의심이었습니다! 한때는 예수님이 누구신지 완전하게 확신했었던 사람이 이렇게 의심하게 된 것은 세례요한 쪽의 심각한 문제였습니다. 요한은 하나님으로부터 예수님이 약속의 메시아였다는 것을 확신시켜주는 표적도 받았었습니다.

예수께서 침례를 받으시고 곧 물에서 올라오실새 하늘이 열리고 하나님의 성령이 비둘기 같이 내려 자기 위에 임하심을 보시더니 하늘로부터 소리가 있어 말씀하시되 이는 내 사랑하는 아들이요 내 기뻐하는 자라 하시니라 마 3:16-17

성령이 비둘기 같은 형체로 그의 위에 강림하시더니 하늘로부터 소리가 나기를 너는 내 사랑하는 아들이라 내가 너를 기뻐하노라 하시니라 눅 3:22

하나님의 영이 비둘기의 모습으로 내려와 앉는 것을 보거든 그가 메시아인 줄 알라고 하나님께서 요한에게 말씀해 주셨습니다(요 1:33 참고). 그리고 세례요한이 예수님께 세례를 주었을 때 성령님께서 비둘기의 모양으로 내려오셨고 이로 인해 그는 눈으로 볼 수 있는 증거를 받았던 것입니다. 또한 그는 "이는 내 사랑하는 아들이요 내 기뻐하는 자라"고 말씀하시는 하나님의 음성을 귀로 들었습니다(마 3:17). 요한은 성경적 근거와 마음의 증거뿐 아니라 귀로 듣고 눈으로 보는 증표를 받았습니다.

소망이 더디 이루어지면

어떻게 하면 믿으시겠습니까? 이것은 아주 좋은 질문입니다.

사람들은 이렇게 말합니다. "내가 만약 예수님의 열두 제자 중 한 명이었다면 의심으로 힘겨워하지는 않았을 거야. 환상을 볼 수만 있다면, 내 손에 찌릿찌릿한 느낌만 든다면, 하나님의 음성을 귀로 직접 들을 수만 있다면, 그러면 믿을 텐데." 요한은 이 모든 것을 받았지만 그러고도 의심했습니다.

당신이 누구든, 얼마나 강한 믿음을 가졌든 상관없습니다. 우리 모두 의심하게 될 가능성을 가지고 있습니다. 부정적인 상황 속에 오래 있으면 의심하게 될 수 있습니다. 부정적인 상황이 당신의 믿음을 앗아가고 의심하게 만듭니다.

바로 그런 일이 세례요한에게 일어났습니다. 그때쯤, 요한은 적어도 6개월에서 길게는 2년째 감옥에 있었습니다. 전에 요한은 완전히 100% 하나님께 미친 사람이었습니다. 그는 담대했고 열정적이었으며 두려움이 없었습니다. 요한은 헤롯왕이 자기 동생이 살아 있는데도 불구하고 동생의 아내를 데려다가 자기 아내로 취한 것에 대해 왕을 정죄할 수 있었던 사람이었습니다(마 14:3-4 참고). 동생의 아내를 취하는 것은 불경건한 것이었기에 요한은 목숨을 걸고 진리를 말한 것입니다. 그의 이러한 담대함으로 인해 목숨을 대가로 치러야 했습니다. 그로 인해 감옥에 갇혔고 결국 사형을 당했습니다.

요한은 이렇게 옳고 그름을 말하는 데 두려움이 없었습니다. 그는 하나님의 진리를 말하기 위해 살았고 사람들의 삶을 변화시켰습니다. 그가 나타난 뒤에 그의 설교는 6개월 만에 온 나라를 뒤바뀠습니다. 요한은 하나님의 말씀을 전하는 데 있어서 중심에 서는 것을 사랑했던, 에너지가 충만한 사람이었습니다. 그는 잘못을 지적하는 선지자였습니다. 그랬던 그가 감옥에 갇혀 조용히 지내야 했습니다. 간수들에게 하나님에 대해 얘기할 수는 있었겠지만 자신의 사역을 완수할 수 없는 상황에 처한 것입니다.

잠언 13장 12절은 말합니다.

> 소망이 더디 이루어지면 그것이 마음을 상하게 하거니와

세례요한의 소망은 복음을 선포하며 주님을 위해 길을 예비하고 사람들을 주님께로 되돌리는 것이었습니다. 그러나 그의 소망은 이루어지지 않았습니다. 그래서 요한은 지쳐갔습니다.

교회 시대

세례요한의 의심에 기여한 또 다른 요인은 메시아가 오셔서 할 일에 대한 그의 오해였습니다. 예수님 당시 사람들은 주님이 한번 오셨다가 다시 재림하신다는 것에 대한 분명한 이해가 없었습니다. 예수님의 초림은 그분의 십자가에 못박힘과 부활 그리고 승천으로 마무리되었습니다. 그 이후로 우리가 '교회시대'라고 부르는 중간기가 2천 년 이상 지속되고 있습니다. 오늘날 전 세계의 믿는

자들은 주님의 재림을 계속해서 고대하고 있습니다(계 22:20).

  이 모든 것이 구약에 예언되었지만 당시 사람들의 생각 속에서는 분명하게 이해되지 못했습니다. 예를 들어 이사야 61장 1-2절을 예수님이 누가복음 4장에서 인용하신 것으로 살펴 봅시다.

> 주의 성령이 내게 임하셨으니 이는 가난한 자에게 복음을 전하게 하시려고 내게 기름을 부으시고 나를 보내사 포로된 자에게 자유를, 눈 먼 자에게 다시 보게 함을 전파하며 눌린 자를 자유롭게 하고 주의 은혜의 해를 전파하게 하려 하심이라 하였더라   눅 4:18-19

이것은 분명하게 메시아에 관한 예언이며 예수님께서 첫 번째로 이 땅에 오셨을 때 성취되었습니다. 여기 언급된 모든 일을 예수님께서 완성하셨습니다. 그리고 이렇게 선포하셨습니다.

> 이 글이 오늘 너희 귀에 응하였느니라 하시니   눅 4:21

그러나 누가복음 4장 18-19절과 이사야 61장 1-2절을 비교하여 보면 주님께서 이사야 2절을 모두 읽지 않고 중간에서 끝내신 것을 알 수 있습니다.

> 여호와의 은혜의 해와 우리 하나님의 보복의 날을 선포하여…

예수님께서는 왜 '하나님의 보복의 날' 부분은 선포하지 않으시고 끝내셨을까요? 왜냐하면 예언의 그 뒷부분은 주님께서 재림하시면서 이 땅을 심판하실 때 완성될 것이기 때문입니다. 이렇게 신약에서 설명해 주시는 것의 유익 없이 구약을 읽게 되면 말씀을 분명하게 이해하지 못하고 모두 뒤섞여 버릴 수 있다는 것을 알 수 있을 것입니다.

비탄

메시아에 관한 모든 구약의 예언은 예수님의 초림과 재림이 한 번에 일어나는 것 같은 인상을 줍니다. 당시 사람들은 초림과 재림, 두 번의 사건이 있을 것을 분명하게 이해하지 못했습니다. 그로 인해, 예수님 당시 사람들은 주님이 오셔서 우리를 하나님과 화평케 하심을 간절히 기다림과 동시에 로마의 통치를 끝내시고 하나님의 나라를 세우고 불경건한 사람들을 심판하여 실제로 이 땅을 통치하시길 원했습니다. 그들이 원했던 것은 바로 그것이었습니다.

저는 개인적으로 세례요한도 같은 의견을 가지지 않았었나 생각합니다. 그것 때문에 예수님이 진짜 그리스도인지 의심을 하게 된 것이지요. 이전의 요한은 전혀 의심하지 않았었습니다. 하나님의 음성을 자신의 귀로 듣기도 하고 눈에 보이는 증거도 있었으나 그가 생각하는 대로 일이 진행되지 않은 것입니다. 요한은 예수님이 참으로 약속된 메시아라면 로마 군인들을 무찌르고 자기를 감옥에서 빼내 주어야 한다고 생각한 것입니다. 요한은 예수님께서 사람들을 하나님의 나라로 인도하고 실제로 이 땅을 다스려야 한다고 생각했습니다. 그러나 그런 일은 일어나지 않았습니다. 요한이 예수님에게 세례를 베푼 지 2년에서 2년 반쯤 된 시점이었지만 예수님께서는 어떠한 정치적 발언도 하지 않으신 것입니다. 예수님은 그 사회를 변화시키려고 하지 않으셨습니다. 다만 각 사람들에게 하나님과의 개인적인 관계에 대한 얘기만을 하셨습니다.

"소망이 더디 이루어지면 그것이 마음을 상하게 하거니와"(잠 13:12) 요한의 바라는 바가 정확하지 못했다면 그가 경험한 이런 부정적인 상황이 그를 낙심시켰을 것입니다. 그도 성경에 나오는 여느 다른 사람들과 같았다면 다음과 같이 의아해 했을 것입니다.

주께서 이스라엘 나라를 회복하심이 이 때니이까   행 1:6

세례요한이 초림과 재림 사이에 교회시대가 있다는 것에 대한 분명한 이해가 없었다면 그가 경험했던 부정적인 상황들이 그의 마음을 상하게 했을 수도 있습니다.

요한은 하나님의 나라가 임하는 모습을 보지 못하고 있었습니다. 감옥에 갇혀 어느 누구에게도 사역할 수 없었습니다. 당시의 감옥이란 정말 끔찍한 곳이었습니다. 그러나 하나님이 주신 부르심을 완성하지 못하고 있는 것이야말로 몸이 갇혀 있는 것보다 더 답답하고 낙심되는 일이었을 것입니다. 이러한 여러 가지 상황들이 합쳐져서 요한은 다시 생각하게 됩니다. '내가 하나님의 음성을 바로 들은 것이 맞나? 혹시 잘못들은 것은 아닌가?'

당신도 어떤 부정적인 상황 속에서 소망이 이루어지지 않고 자신이 생각했던 대로 일이 성취되고 있지 않다면, 요한과 같은 함정에 빠질지도 모릅니다. 예수님께서 직접 말씀하시길 요한은 당시까지 실존했던 인물 중에 가장 위대한 사람이라고 하셨습니다(마 11:11, 눅 7:28 참고). 세례요한은 지상에 살았던 사람들 중 가장 위대한 사람이었지만 그도 의심에서 자유롭지 못했습니다. 엄청나게 압박해 오는 환경으로 인해 너무도 분명하게 확신하던 것들까지도 그는 의심하게 되었습니다. 이것은 어느 누구나 의심하게 될 수 있다는 것을 보여줍니다.

계속해서 추진하기

그리스도인으로 살면서 주님의 뜻을 구하는 것을 멈춰서는 안 됩니다. 자동차 엔진을 꺼버리듯이 그렇게 해서는 안 될 일입니다. 비행기가 날 때처럼, 엔진을 계속 가동해야만 비행을 유지할 수 있습니다. 제 아무리 헬리콥터라고 하더라도 엔진 가동을 멈추고 프로펠러가 도는 것을 멈춘다면 마치 큰 바위가 하늘에서 떨어지는 것처럼 떨어지고 말 것입니다. 중력을 극복하고 이륙하여 비행을 유지하려면 엔진을 계속해서 가동해야 합니다.

우리는 모두 의심하게 될 가능성이 있습니다. 세례요한은 태어나기도 전에 성령으로 충만함을 받은 사람이었습니다. 그는 하나님과 계속적으로 동행하며 역사상 가장 위대한 부흥을 일으킨 사람입니다. 귀에 들리고 눈에 보이는 증거를 하나님께 받았고 예수님이 누구신지 추호도 의심이 없었던 사람입니다. 계속되는 부정적인 압력과 상황이 요한과 같은 사람도 의심하게 만들었다면 당신 역시 의심하게 만들 수 있습니다.

당신은 어쩌다 한 번씩 하나님을 찾는 사람입니까? 막다른 골목에 다다랐을 때만 하나님을 찾고 문제를 해결 받으면 다시 육신적인 삶으로 돌아가곤 하십니까? 항상 주의 깊게 경계해야 합니다. 불신은 마치 중력처럼 끌어당기는 힘이 있다는 것을 알아야 합니다. 불신은 완전히 사라져 버리지 않습니다. 하나님의 능력을 삶에 적용함으로써 불신을 극복할 수는 있지만 엔진을 끄듯이 믿음을 꺼버려서는 안 됩니다.

엔진을 끄는 순간 당신은 몰락합니다. 다른 사람보다 멀리 떠다닐지는 몰라도 믿음의 스위치를 끄는 순간이 몰락하는 순간입니다.

그 위대한 세례요한도 의심을 했다면 당신도 의심할 수 있습니다. 계속해서 주님께 집중하면서 의심을 대적(능동적으로 싸우는 것)하십시오(약 4:7).

7장

위기의 상황

의심과 싸우던 중 요한은 자신의 제자 두 명을 예수님께 보내어 그분이 참으로 그리스도인지 묻습니다(마 11:2-3).

> 예수께서 대답하여 이르시되 너희가 가서 듣고 보는 것을 요한에게 알리되 맹인이 보며 못 걷는 사람이 걸으며 나병환자가 깨끗함을 받으며 못 듣는 자가 들으며 죽은 자가 살아나며 가난한 자에게 복음이 전파된다 하라 누구든지 나로 말미암아 실족하지 아니하는 자는 복이 있도다 하시니라
>
> 마 11:4-6

누가는 누가복음 7장 18-23절에 같은 사건에 대해 엄청난 차이를 만들어내는 작은 정보를 하나 기록해 두었습니다. 이에 대해 설명하기 전에 먼저 저의 저서 『라이프 포 투데이 성경 공부 및 주석 시리즈Life for Today Study Bible and Commentary』 중 「복음서 편

Gospels Edition」을 권해드립니다. 이 책은 600페이지가 넘는 양장본으로 4복음서를 모두 담았고 주석과 각주, 그리고 여러 성경공부 자료들이 포함되어 있습니다. 또한 이 책만의 독특한 점은 4복음서를 연대기 순으로 사건별로 함께 정리했다는 것입니다. 보시기에 편하도록 한 페이지에 마태, 마가, 누가, 요한복음이 같은 사건을 중심으로 편집되어 있습니다. 이 책은 4복음서를 따로따로 읽었을 때는 쉽게 알 수 없는 것들을 비교를 통해 이해할 수 있게 해 주며 4복음서가 같은 사건에 대해 각각 조금씩 다르게 기록한 정보들을 통해 그 사건에 대한 중요한 내용을 깨닫게 해 줍니다. 복음서를 각각 따로 읽었을 때는 알 수 없는 것들이지요. 네 명의 복음서 저자들이 같은 사건에 대해 기록한 것을 한 페이지에 나란히 편집해 놓았기 때문에 그 차이점을 분명히 확인하실 수 있습니다. 4복음서가 같은 사건에 대해 서로 반대되는 얘기를 하고 있지는 않습니다만 일어났던 사건에 대해 더 자세히 알 수 있도록 새로운 정보를 주기도 합니다. 이 책은 개인의 성경 공부를 위한 가치 있는 투자이며 강력한 영적도구가 될 것입니다.

더 자세한 설명

세례요한의 제자들이 예수님께 요한의 질문을 전달한 상황에 대해 누가복음은 다른 복음서보다 더 자세한 설명을 하고 있습니다.

> 마침 그 때에 예수께서 질병과 고통과 및 악귀 들린 자를 많이 고치시며 또 많은 맹인을 보게 하신지라 예수께서 대답하여 이르시되 너희가 가서 보고 들은 것을 요한에게 알리되 맹인이 보며 못 걷는 사람이 걸으며 나병환자가 깨끗함을 받으며 귀먹은 사람이 들으며 죽은 자가 살아나며 가난한 자에게 복음이 전파된다 하라 눅 7:21-22

마태복음에는 세례요한의 제자들이 예수님께 질문하고 예수님께서 대답하신 내용만 기록되어 있습니다(마 11:2-6). 그러나 누가복음은 예수님께서 세례요한의 제자들에게 대답하시기 전에 하신 일도 기록하고 있습니다.

> 마침 그 때에 예수께서 질병과 고통과 및 악귀 들린 자를 많이 고치시며 또 많은 맹인을 보게 하신지라 눅 7:21

질문을 받으신 후 "한 시간 동안('마침 그때에'로 번역된 'in that same hour'를 저자는 '한 시간 동안'으로 해석하고 있음역자주)" 치유와 기적을 일으키고 계셨기 때문에 예수님께서는 세례요한의 제자들에게 대답하시는 것을 한 시간이나 미루고 계셨다는 것을 알 수 있습니다. 그러고 난 후 이 제자들에게 돌아가서 세례요한에게 그들이 보고 들은 것을 전하라고 하셨습니다. 이것이 마태복음과 누가복음의 큰 차이점인데 마태복음은 마치 예수님께서 바로 그들의 질문에 대답을 하시면서 "돌아가서 보고 들은 것을 전하라"고 하신 것처럼 기록되어 있습니다.

누가는 예수님께서 일으키신 기적의 종류에 대해서도 자세히 기록하고 있는 것을 주목해 보십시오. 그것이 얼마나 중요한 요소인지는 차후에 설명하겠습니다. 그러나 지금은 먼저 예수님께서 이 모든 기적들을 일으키시는 데 한 시간이나 소요하신 후에 비로소 세례요한의 제자들에게 그들이 보고 들은 것을 전하라고 말씀하신 것을 주목해 보십시오.

소리가 들리지 않을 만한 거리

> 그들이(요한의 제자들) 떠나매 예수께서 무리에게 요한에 대하여 말씀하시되　　　　　　　　　　　　　마 11:7

누가복음은 이 장면을 조금 다르게 기록하고 있습니다.

> 요한이 보낸 자가 떠난 후에 예수께서 무리에게 요한에 대하여 말씀하시되　　　　　　　　　　　　눅 7:24

예수님께서는 세례요한의 제자들이 떠나기를 기다리셨다가 비로소 요한에 대한 칭찬을 시작하셨습니다.

이렇게 마태복음과 누가복음을 비교해 보니 예수님께서 한 시간가량 세례요한의 제자들에게 답을 주지 않고 계셨다는 것을 알 수 있습니다. 그들에게 바로 답을 주지 않으시고 나가서 눈먼 자를 눈 뜨게 하고 죽은 자를 살리시고 귀신을 내어 쫓고 절름발이를 걷게 하고 귀머거리를 듣게 하셨습니다. 이 모든 기적을 한 시간 내에 다 일으키셨습니다!

　저 또한 눈먼 자가 눈을 뜨고, 죽은 자가 살아나고, 휠체어에 앉아있던 자가 일어나는 등 많은 기적을 체험했지만 이 모든 기적을 한 시간 내에 행해 본 적은 없습니다. 저 역시 짧은 시간에 여러 가지 기적이 일어나는 것도 경험했지만 주님은 죽은 자를 살리는 것, 눈먼 자를 뜨게 하는 것, 귀머거리를 듣게 하는 것, 절름발이를 걷게 하는 이 모든 것들을 한 시간 내에 다 행하셨습니다. 당신이 이 상황에 있었다면 어떤 영향을 받았을지 생각해 보십시오!

　그리고 요한의 제자들이 예수님의 목소리가 들리지 않을 만한 곳으로 사라지자, (제 생각에는) 그들이 요한에게 전달하기 위해 가지고 가는 예수님의 대답보다는 훨씬 더 요한에게 유익할 만한 말씀을 시작하십니다.

요한의 입장

　요한의 입장이 되어 한번 생각해 봅시다. 당신은 이 나라에서 중심인물이 되었습니다. 사람들은 당신을 지도자로 추앙합니다. 한때 많은 사람들은 당신이 이 나라에서 가장 중요한 인물이라고 떠들어 댔습니다. 당신에게 그러한 추종자들이 있었습니다. 그러나 지금은 가장 어두운 위기 상황에 닥쳐, 하나님께서 당신을 놀랍게 사용하신 이유였던 바로 그 진리를 의심하고 있습니다. 당신은 바닥을 친 것입니다. 또한 당신은 곧 사형을 당할 것 같습니다. (요한은 결국 참수를 당하게 됩니다. 마 14:3-12 참고)

이렇게 나락으로 떨어졌을 때 당신을 대신해서 당신의 일을 계속해 나가는 사람에게 전갈을 보냅니다. 바로 당신이 선전하고, 당신이 직접 앞세운 바로 그 사람입니다. 한때 당신이 이끌었던 그 무리에게 그분을 따르라고 말했습니다. 당신에게 온 무리를 그분께 넘겨드린 것입니다. 그러다가 당신이 위기상황에 처해 예수님께 도움을 요청하지만 주님은 도와주지 않으신 것만 같아 보입니다. 보낸 제자들을 무시하고 기적만 행하십니다. 그리고 말씀하십니다.

> 너희가 가서 보고 들은 것을 요한에게 알리되 맹인이 보며 못 걷는 사람이 걸으며 나병환자가 깨끗함을 받으며 귀먹은 사람이 들으며 죽은 자가 살아나며 가난한 자에게 복음이 전파된다 하라 누구든지 나로 말미암아 실족하지 아니하는 자는 복이 있도다 하시니라　　　　　　　　눅 7:22-23

제가 처음에 이 구절을 읽었을 때는 요한이 불쌍하기까지 했습니다. 예수님이 세례요한에게 아무런 도움이 되지 않으시는 것 같았습니다. 생각해 보십시오. 세례요한은 태중에서부터 복음을 위해 구별된 사람이었습니다. 정상적인 어린 시절을 보내지 못했습니다. 처자식도 없는 사람입니다. 자신의 사역을 시작하기 전까지 광야에서 지냈다고 말씀은 증거합니다. 그 말은 그가 하나님을 위해 구별된 사람이란 뜻입니다. 그 외에는 다른 계획이 없었던 사람입니다. 그의 부르심 외에는 그 어떤 즐거움도 누리지 못한 사람입니다. 어머니의 배 속에서부터 완전히 구별되어 이 사명에만 집중했던 사람입니다.

엄청난 실수?

예수님이 그리스도가 아니시라면, 세례요한은 자기에게 임한 기름부음을 헛된 곳에 허비한 꼴이 됩니다.
예수님에 대해 그가 이렇게 증거했었습니다.

> 보라 세상 죄를 지고 가는 하나님의 어린 양이로다   요 1:29

요한의 제자들도 예수님을 따르고 싶었지만 요한에 대한 충성심 때문에 그렇게 하지 않고 있을 때, 요한은 이렇게 말했습니다.

그는 흥하여야 하겠고 나는 쇠하여야 하리라 하니라

요 3:30

세례요한은 예수님을 따르도록 자신의 제자들을 보냅니다. 만일 예수님이 메시아가 아니라면 요한은 그의 모든 인생을 실패하고 허비하는 엄청난 실수를 한 것이 됩니다. 게다가 역사상 그 누구에게도 없었던 기름부음을 엉뚱한 사람을 위해 사용한 것이 되며 그의 제자들과 그 나라, 그리고 이웃 나라들까지 엉뚱한 사람에게 보내버린 것이 됩니다. 하나님을 위해 구별되었던 이 사람이 하나님의 도구로 쓰임받은 것이 아니라 마귀의 쓰임을 받은 것이 되어 버리는 순간입니다. 세례요한의 의심은 가벼운 것이 아니었습니다. 이 위기상황은 요한의 인생의 여타 다른 사건들과는 다른 것이었습니다.

예수님은 제자들을 통해 전달된 이 요한의 질문에 어떻게 대답하셨습니까? 주님은 요한이 보낸 자들에게 바로 대답하지 않으시고 한 시간 동안 사람들을 치유하신 후에 이렇게 말씀하셨습니다. "가서 너희가 보고 들은 것을 그에게 전하라." 그리고 요한의 제자들이 떠난 후에 예수님께서는 이렇게 말씀하셨습니다.

> 요한이 보낸 자가 떠난 후에 예수께서 무리에게 요한에 대하여 말씀하시되 너희가 무엇을 보려고 광야에 나갔더냐 바람에 흔들리는 갈대냐
>
> 눅 7:24

예수님은 이렇게 질문하신 것입니다. "수천 수백 명의 사람들이 이 사람의 얘기를 들으려고 광야까지 찾아간 이유는 무엇이겠느냐? 바람에 흔들리는 갈대를 보러간 것이겠느냐?" 아니지요. 갈대는 전에도 거기 있었지만 그걸 보러 온 사람은 없었습니다. 자연이 좋아서 사람들이 광야로 온 것이 아닙니다. 광야가 너무나 아름다워서 구경 나왔을 리도 없습니다. 하나님을 향한 열정으로 불타는 사람이 그곳에 있었기 때문에 무리가 그곳으로 몰려온 것입니다.

하나님을 향한 열정으로 타오르는 불

당신이 하나님을 향한 열정으로 불타오른다면 온 세상 사람들이 불타는 당신을 보러 올 것입니다.

세례요한은 하나님을 향한 열정으로 불타오르던 사람이었습니다. 그는 하나님께 기름부음을 받았습니다. 하나님의 말씀이 그의 입에 있었습니다. 큰 무리가 그를 보러 광야로 나온 것을 보면 주께서 그를 크게 칭찬하신 것이 분명합니다.

> 그러면 너희가 무엇을 보려고 나갔더냐 부드러운 옷 입은 사람이냐 보라 화려한 옷을 입고 사치하게 지내는 자는 왕궁에 있느니라   눅 7:25

세례요한에게 사람들이 끌렸던 것이 그의 화려한 옷과 구두 때문이었을까요? 아니면 그의 멋진 헤어스타일과 비싼 양복 때문이었을까요? 아닙니다. 그에게는 이런 것들이 전혀 없었습니다. 세례요한은 약대털, 즉 낙타털로 만든 옷을 입고 있었습니다. 낙타털보다 더 고약한 냄새를 풍기는 것이 있다면 그것은 바로 물에 젖은 낙타털입니다. 그리고 세례요한은 낙타털 옷을 입은 채로 사람들에게 세례를 주기 위해 거의 요단강 속에서 살았습니다. 그러니 이 사람은 당연히 베스트드레서는 아니었겠지요.

게다가 세례요한의 수염은 매우 길었을 것입니다. 그가 메뚜기와 역청, 즉 꿀을 먹었다고 했습니다. 그의 수염에 묻은 역청 때문에 끈적끈적해진 자리에 메뚜기 다리가 붙어 있는 모습이 저는 상상됩니다. 예수님이 하시는 말씀은 광야로 사람들을 이끌어 낸 것이 그의 헤어스타일과 패션 때문은 아니라는 것입니다.

> 그러면 너희가 무엇을 보려고 나갔더냐 선지자냐 옳다 내가 너희에게 이르노니 선지자보다도 훌륭한 자니라 기록된 바 보라 내가 내 사자를 네 앞에 보내노니 그가 네 앞에서 네 길을 준비하리라 한 것이 이 사람에 대한 말씀이라
>
> 눅 7:26-27

이 구절은 말라기 3장 1절을 인용한 것입니다. 당시 이 구절이 메시아의 길을 예비할 선지자, 즉 아주 높은 위치의 권세와 리더십

의 자리에 관한 것이라는 사실은 보편적으로 널리 알려진 사실이었습니다. 예수님께서는 세례요한이 구약에 예언된 바로 그 선지자라는 것에 대해 분명히 말씀하고 계신 것입니다.

요한보다 큰 자

> 내가 너희에게 말하노니 여자가 낳은 자 중에 요한보다 큰 자가 없도다 그러나 하나님의 나라에서는 극히 작은 자라도 그보다 크니라 하시니   눅 7:28

세례요한이 그 어떤 구약의 인물보다도 더 크다고 예수님께서 말씀하셨습니다. 모세, 엘리야, 엘리사, 이사야, 예레미야 등등의 사람들을 포함해서 말입니다. 당시 그 나라에서 가장 중요한 존재였던 분이 그렇게 말씀하신 것입니다.

그때 세례요한은 감옥에서 썩고 있었고, 외로움에 몸부림치며 누가 자신을 신경이나 쓸까 생각했을 것입니다. "나는 뭔가? 사역은 6개월밖에 하지 못하고 수년간 감옥에서 썩고 있구나. 나를 기억하는 사람이 있기나 할까? 신경을 쓰기라도 하는 걸까?"

당신이 요한의 입장이었다면 어땠을까요? 이 나라에서 가장 유명하고 영향력 있는 종교계의 인물에게 도움을 요청했는데 그가 강대상에서 당신에 관해 그렇게 긍정적인 이야기를 했다면 어땠을 것 같습니까? 그가 라디오나 텔레비전에 나와서 당신이 그동안 존재했던 선지자 중 가장 뛰어난 자라고 말했다면 어땠겠습니까? 아브라함, 모세, 엘리야, 그 어느 누구보다 위대한 사람이라고 소개했다면요? 당신이 세례요한처럼 갈등하고 있었는데 이렇게 중요한 인물이 당신에 관해 그런 언급했다면 엄청나게 용기를 얻었을 것입니다.

적어도 저라면 그랬을 것입니다. 세례요한이 처한 위기 상황을 생각해 볼 때, 그리고 주님께서 그의 제자들을 외면하시고 한 시간 동안 사람들을 치유하신 후에야 대답을 해 주시며 그들을 보내신 것을 볼 때, 저는 이렇게 생각했습니다. "하나님, 그것이 요한에게 큰 도움이 될 것 같아 보이진 않습니다. 그리고 요한의 제자들이 떠난 후에야 그런 칭찬들을 하시니, 도대체 왜 그들이 있었을 때 그렇게 하지 않으신 것입니까? 그렇게 하셨으면 요한에게 큰 위로가 되지 않았을까요?"

8장
"절대 포기하지 말라!"

처음 사역을 막 시작했을 때, 저는 텍사스 시거빌이라는 지역에서 한 교회를 맡게 되었습니다. 그런데 도통 사람들이 오지 않았습니다. 의아할 정도로 사람들이 오지 않았습니다. 너무나도 아무 일이 없어서 저는 갈등했습니다.

그러던 차에 텍사스 포트워스라는 곳에 있는 갈보리 성전 교회 Calvary Cathedral에서 열리는 집회에 참석하기 위해 그곳으로 갔습니다. 그 교회 담임목사님이신 밥 니콜스와 초청강사로는 당시 매우 유명한 사역자들이었던 케네스 해긴, 케네스 코플랜드와 같은 분들이 오셨습니다. 이들은 모두 맨 앞자리에 앉아 있었습니다. 성령님의 은사가 흘러나왔고 이들은 서로에게 예언을 하며 주님 안에서 서로를 격려하고 있었습니다.

그곳에는 이천 명 정도가 참석하고 있었고 저를 아는 사람은 아무도 없었습니다. 저는 집회가 열리는 강당 앞쪽 정중앙쯤에 앉아 있었습니다. 그 많은 사람들 사이에서 점과 같은 존재였지요.

저는 너무나 보잘 것 없이 느껴진 나머지 혼잣말로 이렇게 중얼거렸습니다. '저렇게 유명한 리더들이 격려를 받고 있네. 여기에서 그 누구보다 격려가 필요한 건 바로 난데 말이야.' 저는 외로움과 함께 여러 부정적인 감정을 경험하고 있었습니다. 그때 앞에서 "자, 서로 인사하시면서 격려하시기 바랍니다."라고 하는 소리가 들렸습니다.

그 당시 저는 이 교회의 담임목사님이신 밥 니콜스를 한 번 만나 본 적이 있는 상태였습니다. 굉장히 어색한 만남이었습니다. 밥 목사님이 은혜로운 분이기에 그런 어색한 만남을 가지고서도 저를 좋아해 주셨을 뿐입니다. 그 첫 만남은 너무 어색한 시간이었고 저에게는 기억하고 싶지 않은 순간이었습니다. 그 집회 때, 저는 많은 사람들 사이에 앉아 있었습니다. 그런데 밥 니콜스 목사님이 강대상에서 내려오시더니 이 사람들을 밀치고는 저를 찾아내셨습니다. 저를 찾고 계셨던 것이 확실했습니다. 밥 목사님은 저를 끌어안고서 이렇게 말씀하셨습니다. "절대 포기하지 말게! 견뎌야 해! 하나님은 자네를 사랑하시네. 포기하지 말게." 그분은 저를 잘 모르셨으며 저의 상황은 더욱 모르셨습니다. 하나님께서 수천 명의 사람들 중에서 저를 선택해서 격려해 주신 것입니다. 제가 도움이 필요했을 그때, 그것이 저에게 큰 은혜가 되고 많은 격려가 되었었습니다.

그래서 세례요한의 이야기를 읽을 때에 저는 의아했던 것입니다. "왜 예수님께서 요한에게 이렇게 해 주지 않으신 걸까? 왜

요한이 역사상 가장 위대한 사람이라는 칭찬을 요한의 제자들이 거기 있었을 때 하지 않으신 걸까? 그렇게 하셨다면 기적을 일으킨 후에 돌아가서 요한에게 보고 들은 대로 전달하라고 하는 것보다 훨씬 유익했을 텐데. 그것이 요한에게 훨씬 은혜가 되었을 텐데."
저는 이 의문으로 인해 수년간 갈등했습니다.

마침내 연결이 되다

어느 날, 제가 이사야를 읽고 있을 때였습니다. 마태복음 11장에 대한 질문을 잊어버리지는 않았지만 그 질문이 더 이상 마음에 가득하지는 않았던 때였습니다. 그런데 그때 이사야를 읽다가 예수님의 길을 예비할 선지자에 대한 예언의 부분을 읽게 되었습니다.

> 너희는 약한 손을 강하게 하며 떨리는 무릎을 굳게 하며 겁내는 자들에게 이르기를 굳세어라, 두려워하지 말라, 보라 너희 하나님이 오사 보복하시며 갚아 주실 것이라 하나님이 오사 너희를 구하시리라 하라 그 때에 맹인의 눈이 밝을 것이며 못 듣는 사람의 귀가 열릴 것이며 그 때에 저는 자는 사슴 같이 뛸 것이며 말 못하는 자의 혀는 노래하리니 이는 광야에서 물이 솟겠고 사막에서 시내가 흐를 것임이라   사 35:3-6

"절대 포기하지 말라!"

그때 갑자기 성령님께서 예수님이 요한의 제자들에게 하신 말씀과 또 한 시간 동안 기적을 행하셨던 것을 기억나게 해 주셨습니다.

> 예수께서 대답하여 이르시되 너희가 가서 듣고 보는 것을 요한에게 알리되 맹인이 보며 못 걷는 사람이 걸으며 나병환자가 깨끗함을 받으며 못 듣는 자가 들으며 죽은 자가 살아나며 가난한 자에게 복음이 전파된다 하라 누구든지 나로 말미암아 실족하지 아니하는 자는 복이 있도다 하시니라
> 마 11:4-6

순간 성령님께서 저를 위해 이사야와 마태복음을 연결시켜 주신 것입니다.

믿기만 하라!

예수님께서는 요한의 제자들이 사라질 때까지 기다리셨다가 세례요한에게 감정적으로 격려가 될 수 있었던 말을 그제야 하셨습니다. 요한의 제자들이 있었을 때는 그들이 보는 앞에서 기적을 행하신 것으로 답을 대신하셨습니다. 그러고 나서 "가서 요한에게 듣고 본 것을 말하라."고 말씀하십니다.

> 맹인이 보며 못 걷는 사람이 걸으며 나병환자가 깨끗함을 받으며 못 듣는 자가 들으며 죽은 자가 살아나며 가난한 자에게 복음이 전파된다 하라
> 마 11:5

예수님께서 요한의 제자들이 보는 앞에서 이사야 35장 5-6절의 예언을 성취하신 것입니다. 보지 못하는 눈을 열어주시고, 귀머거리를 고쳐주시고, 절름발이를 걷게 해 주시고, 벙어리가 노래할 수 있게 해 주신 것입니다.

예수님께서는 바로 이와 같은 기적을 행하셨고, 그 후에 요한의 제자들에게 그들이 목격한 것을 요한에게 가서 전하라고 하셨습니다. 메시아의 사역에 대하여 예언된 모든 것을 예수님께서 한 시간 내에 다 성취하신 것입니다. 그분은 여기에다가 죽은 자를 살리신 일까지 더하셔서 누구도 이것이 우연이라고 생각하지 못하도록 하셨습니다.

한 시간 내에 예수님께서는 메시아가 할 것으로 예언된 모든 기적들을 행하시고 여기에 더하여 죽은 자를 살리시기까지 하신 것입니다. 그러고는 요한의 제자들에게 말씀하시기를, 내가 한 모든 기적에 대해 전하고, 믿기만 하면 복된 자가 될 것이라고 말하라고 하셨습니다. 믿기만 하십시오!

의심이 사라지다

세례요한은 말씀을 아는 자였습니다. 바리새인들이 그에게 와서 "너는 누구냐? 네가 그리스도냐?"고 물었을 때, "나는 그리스도가 아니다."라고 대답합니다.

> 나는 선지자 이사야의 말과 같이 주의 길을 곧게 하라고 광야에서 외치는 자의 소리로라 하니라   요 1:23

요한은 이사야 40장을 인용하였는데 이것은 메시아가 오실 길을 예비할 자에 대해 예언하고 있는 이사야 35장에서 단지 5장 뒤에 있는 장이지요.

> 외치는 자의 소리여 이르되 너희는 광야에서 여호와의 길을 예비하라 사막에서 우리 하나님의 대로를 평탄하게 하라
> 사 40:3

요한은 이사야서의 이 부분을 많이 인용했습니다. 그 당시는 지금 우리가 가지고 있는 것처럼 성경에 장과 절이 없었습니다. 두루마리 같은 책이었지요. 장과 절이 없었기 때문에 그 부분을 찾는다는 것이 어려운 일이었습니다. 지금 우리가 이사야서라고 부르는 것도 하나의 책이었습니다. 그래서 제 생각에는 요한이

이사야 35장과 매우 가까이에 있는 40장을 인용했다는 것을 볼 때, 35장의 내용도 매우 잘 알고 있을 정도로 읽었다고 봅니다. 그는 메시아가 와서 이런 일을 할 것이라고 하나님께서 예언하신 부분을 알고 있었습니다.

요한이 보낸 제자들은 몰랐을 수도 있겠지요. 그들이 요한에게 돌아가서 이렇게 말합니다. "그분은 자신이 그리스도인지 아닌지는 대답하지 않으셨습니다. 대신 우리를 한 시간이나 기다리게 해 놓고는 그동안 눈먼 자를 눈뜨게 하고 귀머거리를 치유하셨습니다. 말 못하던 자들이 말하고 걷지 못하는 자들이 걸었습니다. 그리고는 돌아가서 우리가 본 것을 전하라고 했고 만약 당신이 실족하지 않고 믿기만 한다면 복된 자라고 하셨습니다."

그들이 이것을 요한에게 전달했을 때, 성령님께서 이사야서에 메시아에 대해 예언된 부분과 예수님이 행하신 일을 요한을 위해 연결시켜 주셨다고 저는 믿습니다. 요한에게 빛이 임하여 그가 깨달았을 것입니다. "내가 이분이 메시아가 아니라고 의심했다니! 그분은 하나님의 말씀이 예언한 기적을 다 행하셨구나. 그 어느 누구도 눈먼 자를 눈 뜨게 하고 귀머거리를 듣게 하고 절름발이를 걷게 하고 말 못하는 자를 노래하게 하지는 못했어. 게다가 이 모든 일을 한 시간 내에 이루시다니. 또한 그분은 죽은 자까지 살리셨구나." 그 순간 성령님께서 넘치는 파도와 같이 임하셔서 세례 요한의 의심을 쓸어가 버리셨다고 저는 믿습니다. 예수님은 요한의 감정이 아니라 말씀에 대한 그의 지식에 반응하신 것입니다.

하나님 말씀의 진리가 세례요한의 의심을 사라지게 했을 때, 그는 하나님께 찬양과 감사를 드렸을 것입니다.

승리자인가 아니면 피해자인가?

예수님께서 요한을 무시해서 그의 감정을 위로하지 않으신 것이 아닙니다. 그 순간만을 모면할 수 있는 것을 주지 않으신 것뿐입니다. 요한을 무시한 것이 아니라 오히려 존중하신 것입니다. 요한을 너무나 존중한 나머지 단순한 감정적 반응을 보이지 않으신 것입니다. 대신 요한이 다시 말씀으로 돌아갈 수 있도록 하셨습니다. 얼마나 놀랍습니까?

우리는 누군가 우리의 어깨를 감싸고 같이 울어주는 감정적 위로를 원합니다. 그것이 잠시 당신의 기분을 좋게 하거나 그 고비를 넘기게 할 수 있을지는 모르지만 길게 볼 때는 도움이 되지 않습니다. 동정심을 보이지 말라는 얘기가 아닙니다. 길게 볼 때, 진리를 아는 것이 필요하다는 말씀입니다. 당신은 말씀을 붙잡아야 합니다. 믿음은 들음에서 나고 들음은 그리스도의 말씀에서 납니다(롬 10:17). 하나님의 말씀은 성령의 검입니다(엡 6:17). 그것으로 우울, 낙심, 절망과 싸우는 것입니다. 그런데 많은 사람들이 눈물을 짜면서 원하는 것은, 하나님께서 자기들의 수준으로 떨어져서 "정말 상황이 안 좋구나!"라고 말씀하며 자기들을 도와주는 것입니다.

저의 친구 사역자 하나가 우리 단체의 사역자 세미나에서 강의하며 사람들을 격려하고 있었습니다. 낙심한 사람들을 불러내 그들을 위해 기도할 참이었습니다. 그때 앞으로 나온 한 부부가 있었는데 물어보지 않아도 얼마나 낙심했는지 알 수 있었습니다. 그들의 몸짓이 너무나 분명하게 말해주고 있었으니까요. 그들은 고개를 떨어뜨리고 울고 있었고 몹시 비참해 보였습니다. 이들이 제 친구 사역자 앞에 섰을 때, 저의 친구가 그들을 보고 선포하였습니다. "주님이 말씀하십니다. '낙심치 말라. 내가 하나님이 아니었다면 모를까, 나는 하나님이지 않느냐?'" 이 말이 저에게는 격려가 되었습니다. 사실, 정말 재밌는 말이라고 생각했습니다. 그런데 그 부부는 별로 재밌어하지 않았던 것 같습니다.

우리의 문제가 너무 심각해서 하나님께서도 어떻게 해결을 해야 하나 안절부절못하신다고 생각하는 사람이 진짜 있습니다. 그러나 사실은 당신을 괴롭히는 그 문제는 하나님께 아무것도 아니라는 것입니다. 그럼에도 불구하고 우리는 하나님께서 우리 수준으로 내려오셔서 우리와 함께 우시며 "나도 알고 있단다. 정말 힘들지? 나도 슬프구나."라고 말씀하시길 원합니다. 하지만 그것은 사실이 아닙니다. 주님이 이미 이기셨습니다. 그분은 승리하신 분입니다. 당신이 낙심할 때 하나님께서 긍휼과 사랑을 보여주신다는 것을 부인하는 것이 아닙니다. 그러나 하나님은 그 문제보다 훨씬 크신 분이시며 당신에게 동정심보다는 더 좋은 것을 많이 주실 수 있는 분이십니다. 오늘은 당신의 감정을 위로할 수 있지만 내일이면 사라져서 또 다시 감정적 위로를 구해야 하는 그런 것에 안주하지 마시고 하나님 말씀의 진리를 붙잡아야 합니다. 하고 싶든 하고 싶지 않든 지금 일어나 이렇게 선포하십시오. "나는 예수 그리스도 안에서 승리자이다. 내 감정이 어떻든 나는 상관하지 않는다. 사람들이 나에게 한 말, 나에게 일어난 일들, 이런 것들은 상관없다. 나는 다시 일어날 것이다. 나는 승리자이지 피해자가 아니다." 이렇게 하나님의 말씀을 취해 당신의 상황에 적용하십시오.

> 우리 주 예수 그리스도로 말미암아 우리에게 승리를 주시는 하나님께 감사하노니 고전 15:57

> 세상을 이기는 승리는 이것이니 우리의 믿음이니라 요일 5:4

말씀을 선포해서 자신을 세우십시오.

진리에 고정된 눈

어떤 면에서 볼 때, 예수님께서 세례요한에게 바로 그렇게 하신 것입니다. 칭찬을 통한 격려를 주시는 대신 하나님께서 그를 사역으로 부르실 때 사용하셨던 그 예언을 생각나게 하셔서 다시 바른 길을 걷게 해 주신 것입니다. 한때는 하나님의 말씀이 그를 움직였고, 30년간 이 예언들이 그를 그 길에 집중할 수 있게 해 주었습니다. 그런데 위기의 상황에 처하자 그가 말씀에서 눈을 떼어 그의 상황을 보기 시작한 것입니다. 그는 감옥에 있었고 곧 사형을 당하기로 되어 있었습니다. 그로 인해 요한은 낙심하게 된 것입니다.

베드로가 믿음의 주요 또 온전케 하시는 이이신 예수님을 바라볼 때, 그는 물위를 걸었습니다(마 14:28-31). 주님 외에 그 어느 누구도 하지 못했던 일을 한 것입니다. 그것은 기적이었습니다. 그러나 베드로가 예수님에게서 눈을 떼어 바람과 파도를 보자 가라앉기 시작하였습니다.

세례요한도 말씀, 즉 하나님께서 그의 마음에 심어주신 진리에서 눈을 떼었습니다. 감옥을 바라보았고 자신이 죽게 될 것이라는 사실을 바라보았습니다. 폭군 헤롯이 강성해지고 자신은 패배한 것처럼 보였습니다. 요한은 이런 것들을 바라보느라 하나님의 말씀에 대한 시력을 잃어버린 것입니다. 그때 예수님께서는 요한이 잘 알고 있는 말씀을 그에게 생각나게 하십니다.

요한이 말씀으로 돌아갔을 때, 그의 안에 계신 성령님께서 벌떡 일어나셨다고 저는 믿습니다. 이것에 대해 요한이 어떻게 반응했는지 성경은 설명해 주고 있지 않지만 그가 끝까지 신실했던 것을 우리는 압니다. 결국 헤롯은 그의 목을 칩니다. 그러나 요한은 그에게 매달리지도 않았고 울지도 않았고 그의 믿음을 부인하지도 않았습니다. 세례요한은 끝까지 강했습니다. 제가 개인적으로 믿기는 요한이 예수님의 답을 들었을 때 "왜 내가 의심했던가? 말씀이 이렇게 말씀하시는데."라고 깨달았을 것입니다. 느껴지는 감정과는 상관없이 진리에 대한 이 생각을 되찾았을 것입니다.

이 진리가 저에게는 큰 힘이 됩니다. 제가 감정을 따라 살았다면 도망가고 싶었을 때도 많았을 것입니다. 포기하고 그만두고 싶었을 때도 있었을 것입니다. 그러나 저는 느껴지는 감정이 아니라 말씀을 따라 사는 법을 배웠습니다. 이 진리가 저를 변화시켰고 수십 년간 제 삶에서 역사하고 있습니다.

죽은 자 가운데서 살아나다

어느 날 새벽 4시 15분쯤 제 아들이 죽었다는 전화를 받았습니다. 아내와 저는 바로 일어나서 채비를 했습니다. 저희 집에서 콜로라도 스프링스에 있는 병원까지는 1시간 15분이 걸립니다. 저희는 도시 외곽에 살고 있었기 때문에 핸드폰도 터지지 않았습니다. 그래서 병원으로 가는 동안은 아들의 상태가 어떤지 확인할 방법이 없었습니다.

그 전화를 받았을 때 저는 이렇게 선포했습니다. "처음 받은 보고가 마지막 보고는 아니다." 저는 믿음의 말을 했고 아내와 저는 그 기도에 합심하였습니다. 우리는 아들이 다시 살아날 것을 명했습니다. 아들은 죽은 지 5시간 만에 살아났습니다. 완전한 기적이었지요.

우리가 전화를 받고 병원에 도착해서 아들이 죽었다가 살아나 있는 모습을 발견할 때까지는 저에게도 부정적인 생각과 슬픈 감정이 떠오르려고 했었습니다. 그때 저는 하나님을 찬양했습니다. 저의 믿음이 좋아서가 아니라 온전히 성령님의 도우심으로 그렇게 할 수 있었습니다. 성령님께서는 오랜 시간 저를 가르치고 훈련하셨습니다. 부정적인 생각이 들기 시작하여 하나님께 부르짖었을 때 성령님께서 저에게 말씀을 생각나게 하셨습니다. 성경 구절을 생각나게 하시고 진리를 기억나게 하셨습니다. 그로 인해 하나님의 말씀은 제 안에서 불일 듯 일어났고 저는 이 부정적인 감정에 맞섰습니다. 저는 제 감정에 집중하지 않았습니다.

당신의 아들이 죽었다는 소리를 들으면 어떻게 하시겠습니까? 어떤 느낌이 드시겠습니까? 어떤 생각이 머릿속에서 지나가겠습니까? 저 역시 당신이 느꼈을 감정, 당신이 느꼈을 생각과 동일한 것을 생각하고 느꼈습니다. 그러나 하나님의 말씀이 제 안에서 살아났고 하나님의 은혜로 말미암아 저는 말씀이 말하는 바와 반대되는 것은 어떤 것도 말하지 않았습니다. 제가 하나님을 찬양하자 저의 감정도 바뀌어서 하나님께 동의하기 시작했습니다. 실제로 저는 기뻐하며 하나님을 찬양하기 시작했습니다.

제가 이것을 나누는 이유는 당신을 격려하기 위함입니다. 감정이 당신을 엉뚱한 곳으로 끌어당기더라도 당신은 하나님 말씀이 말씀하시는 바를 압니다.

당신이 느끼는 감정보다 하나님의 말씀이 더 실재가 되는 경지에 이를 수 있습니다. 성경은 이것을 믿음이라고 부릅니다. 말씀은 이것을 성숙이라고 부릅니다.

말씀 위에 서라

많은 그리스도인들의 경우 마귀가 말씀과 상반되는 감정을 눈곱만큼만 던져줘도 불량제품이 고장나듯 나가떨어집니다. 성경은 성령님께서 내주하시기에 우리가 사랑, 희락, 평안을 소유했다고 증거하고 있지만(갈 5:22), 이런 그리스도인은 누군가 별것도 아닌 한마디를 하면 바로 나가떨어져 버립니다. 혹시 목사님과 복도에서 마주쳤는데 인사를 하지 않으시던가요? 당신은 이내 외면당하고 무시당한 기분을 느낍니다. 누가 당신에 대해 뭐라고 좀 하거나 또는 당신이 원하는 만큼 관심을 보여주지 않습니다. 무엇 때문에 그랬든 이제는 물고 있던 젖병을 내려놓고 철이 들어야 할 때입니다!

하나님의 말씀만 우리 삶에 역사해야 한다는 것을 깨달아야 합니다. 당신도 위기 상황에 처해 세례요한처럼 의심하고 있다면 어떻게 하시겠습니까? 주님께 감정적인 위로를 구하시겠습니까? 천사가 나타나 전기가 찌릿찌릿하고 등줄기가 오싹하길 바라시겠습니까? 누군가가 전화를 해서 "너는 정말 최고야."라고 말해 주길 바라시겠습니까? 이런 것들을 원하신다면 뭔가 잘못된 것입니다. 하나님의 말씀으로 가야 합니다.

하나님께서 하라고 하신 일을 하고 계십니까? 하나님께서 주신 약속이 있으십니까? 지금 가고 있는 그 길이 주님께서 인도하신 것입니까? 만약 그렇다면 하나님의 말씀을 취해서 믿음으로 서십시오. 당신의 감정이 중요한 것이 아니라 하나님께서 하라고 하신 일을 계속하는 것이 중요합니다. 거기서 물러서지 마십시오. 하나님의 말씀이 절대 권세가 되는 그 경지에 이르게 되면 누가 뭐라 하든, 당신은 물러서지 않게 될 것입니다. 당신이 이러한 태도를 갖게 되고 하나님의 말씀이 당신을 온전히 다스리게 되면 의심을 극복하게 될 것입니다. 믿음 안에서 걷게 될 것입니다.

믿음은 잘 느껴지지 않습니다. 담대함은 느낌으로 오는 것이 아닙니다. 때로는 믿음의 은사가 주어지기도 합니다. 하지만 제 인생에서 위대한 일들이 일어났을 때는 대부분 제가 믿음으로 도전했을 때입니다. 그때 저의 감정은 흔들렸지만 그래도 감정대로 행하기를 거절했습니다. 저는 그 감정에 묶이지 않기로 결정했습니다. 하나님의 말씀이 뭐라고 하시는지 알았기에 그대로 제 마음을 다해 사역했습니다. 하나님의 말씀에 섰지만 때론 저도 다리가 후들거렸습니다. 그럼에도 불구하고 그것이 믿음입니다.

어떤 이들은 믿음이 어떤 문제도, 의심도, 두려움도 없는 상태라고 생각하지만, 그렇지 않습니다. 믿음은 그러한 것들을 거절하는 법을 배우는 것이며 하나님의 말씀 위에 서서 의심과 두려움이 당신을 조절하지 못하게 하는 것입니다.

9장

어떤 것보다 확실한 말씀

제가 주님을 구하기 시작했을 때, 제가 속했던 교단에서는 오늘날에는 하나님께서 기적을 행하지 않으신다고 가르쳤습니다. 천사가 찾아온다든지, 하나님의 음성을 실제로 듣는다든지, 주님으로부터 오는 초자연적인 깨달음을 얻는다든지 하는 것은 없다고 배웠습니다. 그런 것들은 우리들에게 존재하지 않는 것이 되어 버렸습니다. 그러나 제가 성령세례를 받은 후 성령님께서 주시는 감동 아래에서 하나님의 말씀을 공부하면서 그 모든 것이 사도들과 함께 사라진 것이 아니었다는 것을 알게 되었습니다. 이런 것들을 경험한 사람들의 간증을 들으며 저 역시 천사를 만나고 하나님의 음성을 직접 귀로 듣기 원했습니다.

당시 여러 사역자들의 설교를 열심히 들었었는데 그중 한 분은 자신의 손바닥이 뜨거워지는 경험을 한다고 했습니다. 사람들을 위해 기도할 때, 자신의 두 손을 기도받는 사람에게 올려놓으셨다고 합니다. 그때 뜨거운 것이 이쪽 손에서 저쪽 손으로 넘어가면 하나님께서 직접 치유하고 계신 것이라고 하였습니다. 그렇지 않고 두 손이 뜨거워지기만 하면 하나님께서 기도받는 사람을 속박에서 자유케 하고 계신 중이라고 하였습니다. 이렇듯 하나님의 능력이 초자연적으로 나타날 때, 감지할 수 있는 신체적인 현상이 사역자에게 나타난 것입니다.

저도 그런 것들을 주님께 구하기 시작했습니다. 이렇게 하나님께 질문하곤 했습니다. "왜 저에게는 그런 초자연적인 일이 일어나지 않는 것인가요?" 그 때 주님께서 저에게 보여주신 진리가 바로 예수님께서 어떻게 세례요한을 도와 그의 의심을 극복할 수 있게 해 주셨는가 하는 것이었습니다. 예수님께서 요한에게 감정적인 수준으로 반응하지 않으시고 대신 하나님의 말씀으로 그를 세워주신 이유는 바로 하나님께서 그를 존중하셨기 때문이라는 것을 깨닫게 해 주셨습니다. 요한에게 말씀이 생각나게 해 주신 이유는 그를 존중하지 않으셨기 때문이 아니라 너무나도 존중하셨기 때문입니다. 저는 하나님의 말씀을 믿는 것이 주님께 반응하는 가장 높은 길이라는 것을 깨닫기 시작했습니다.

이것을 깨달은 뒤 저는 이렇게 기도합니다. "하나님, 저는 당신의 최선을 원합니다. 환상을 보는 것보다 제가 당신의 말씀을 취하여 말씀을 더 신뢰하는 것이 당신을 높이는 것이라면, 또한 천사를 만나거나 귀로 들리는 당신의 음성을 듣는 것 대신 당신이 생명을 불어넣으신 말씀을 듣는 것이 제가 당신의 음성을 듣는 길이라면 저는 기쁨으로 그 길을 가겠습니다." 그래서 뭔가를 보여 달라는 기도는 그 후로 안 하게 됐습니다.

주님께서 저에게도 꿈을 주신 적은 있습니다. 성경은 하나님이 주시는 꿈을 밤에 보는 환상이라고 말하고 있습니다. 저도 그런 꿈을 꾼 적이 있고 하나님께서 그 꿈을 통해 저에게 말씀하셨다고 생각합니다. 그러나 깨어 있을 때 눈을 뜨고 영적인 영역을 보는, 사람들이 소위 '열린 환상'이라고 부르는 것을 본 적이 없습니다. 귀에 들리는 하나님의 음성도 들어본 적이 없습니다. 많은 사람들이 봤다, 들었다 하는 것을 저는 경험해 본 적이 없습니다. 그런 것들을 인정하지 않는 것이 아니라, 저는 주님의 말씀을 통해 그분과 관계하는 법을 배웠으며 솔직히 그것이 하나님의 최선이라고 믿습니다.

더 높은 수준

사단도 영적인 영역에 나타날 수 있습니다. 사단도 뭔가를 보여주고 들려주어 당신을 잘못된 길로 인도할 수 있습니다. 그러나 하나님의 말씀을 통해 하나님의 음성을 듣는다면 당신은 안전할 것입니다. 마귀도 하나님의 말씀을 무시할 수 없습니다. 하나님의 말씀은 모든 초자연적인 것을 테스트할 수 있는 리트머스 종이 같은 것입니다. 그것이 하나님의 음성을 듣는 최고의 방법입니다.

물론 제가 지금 강조하는 것도 균형을 잡을 필요가 있습니다. 저의 강의 『하나님의 음성을 듣는 법How to Hear God's Voice』을 권합니다. 제가 지금 더 자세히 설명하지는 못하지만 하나님의 음성을 듣는 데 있어 중요한 요소들을 다루어 놓았습니다.

당신이 구했던 방법으로 주님께서 응답하지 않으신 이유는 더 좋은 것을 주기 원하시기 때문입니다. 하나님께서 직접 내려 오셔서 당신과 함께 울며 "내가 봐도 정말 상황이 안 좋구나."하고 위로해 주시길 원하십니까? 감정적인 위로를 받아서 기분이 나아지길 기도하고 계실지도 모르겠습니다. 당신이 원하는 대로 응답하지 않으신 이유는 주님께서 당신을 사랑하지 않으셔서가 아니라 너무도 당신을 사랑하시기 때문입니다. 어쩌면 당신을 더 높은 성숙의 단계로 데리고 가시는 중일지도 모릅니다. 주님은 당신이 단순한 감정적인 수준에서 벗어나 주님의 말씀을 통해 실제적인 것을 받는 방법을 배우길 원하십니다.

베드로후서 1장을 보면, 베드로는 자신의 죽음이 가까이 왔다는 것을 알고 있습니다. 그래서 전에 성도들과 나눴던 진리를 상기시켜 줄 필요를 강하게 느낍니다. 그래서 베드로후서를 쓰게 됩니다.

그러므로 너희가 이것을 알고 이미 있는 진리에 서 있으나 내가 항상 너희에게 생각나게 하려 하노라 내가 이 장막에 있을 동안에 너희를 일깨워 생각나게 함이 옳은 줄로 여기노니 이는 우리 주 예수 그리스도께서 내게 지시하신 것 같이

> 나도 나의 장막을 벗어날 것이 임박한 줄을 앎이라 내가 힘써 너희로 하여금 내가 떠난 후에라도 어느 때나 이런 것을 생각나게 하려 하노라　　　　　　　　　벧후 1:12-15

특별한 기적

사도 베드로는 계속해서 이렇게 말했습니다.

> 우리 주 예수 그리스도의 능력과 강림하심을 너희에게 알게 한 것이 교묘히 만든 이야기를 따른 것이 아니요 우리는 그의 크신 위엄을 친히 본 자라 지극히 큰 영광 중에서 이러한 소리가 그에게 나기를 이는 내 사랑하는 아들이요 내 기뻐하는 자라 하실 때에 그가 하나님 아버지께 존귀와 영광을 받으셨느니라 이 소리는 우리가 그와 함께 거룩한 산에 있을 때에 하늘로부터 난 것을 들은 것이라　　　　벧후 1:16-18

베드로가 말합니다. "내가 지금 얘기하는 내용은 내 꿈 얘기가 아닙니다. 내 마음에서 만들어 낸 것도 아닙니다. 하나님으로부터 받은 것입니다." 그리고 그것을 증명하기 위해 이렇게 얘기합니다. "예수님께서 변화산에 계실 때 나타난 하나님의 영광을 우리는 보았습니다. 하나님의 영광이 예수님에게서 밝게 비춰

마치 태양처럼 빛났습니다. 그뿐만 아니라 구름이 예수님을 덮는 것도 보았습니다(구약의 회막에는 하나님의 영광이 구름의 형상으로 나타났었습니다). 이 구름 속에서 하늘의 음성이 들렸습니다. '이는 내 사랑하는 아들이요 내 기뻐하는 자라.'"

베드로가 이 모든 말을 했던 이유는 이렇게 말하기 위한 서론이었습니다. "이 모든 것은 우리가 만들어 낸 얘기가 아닙니다. 꿈을 꾼 것도 아니고요. 직접 경험한 것입니다. 우리가 보았고 들었습니다." 그는 자신의 메시지를 증명하고자 이렇게 말합니다. "내가 하는 말은 하나님으로부터 온 것이란 것을 나는 압니다."

저의 사역을 비유로 한다면 이렇게 말할 수 있겠습니다. 제가 당신이 살고 있는 도시에서 집회를 연다고 합시다. 저의 텔레비전 방송에서 제가 이렇게 광고를 합니다. "제가 하늘에 올려져서 주님으로부터 직접 말씀을 받았습니다. 하나님께 받은 이 말씀을 이번 주 금요일에 당신이 사는 그 도시에서 전하려고 합니다. 7시까지 오셔서 말씀을 들으십시오." 저의 집회를 이런 식으로 광고한다면 참석인원이 엄청나게 증가할 것입니다. 그러나 이렇게 한다면 어떻겠습니까? "하나님의 말씀을 전하러 당신이 사는 도시를 방문하려 합니다. 주님께서 저에게 깨닫게 해 주신 진리를 나누도록 하겠습니다." 이런 식으로 광고를 한다면, "제가 환상을 보았습니다. 하나님께서 당신이 살고 있는 도시를 위한 예언의 말씀도 함께 주셨습니다."라고 광고할 때의 참석인원과는 비교도 할 수 없을 만큼 적은 수가 나타 날것입니다.

한 20년 전 일입니다. 어떤 여성사역자가 자신이 집회를 하면 하늘에서 깃털이 떨어진다고 주장했습니다. 나중에, 이 여성이 실제로는 자신의 옷소매에서 깃털을 빼내어 날리는 것을 누군가 비디오로 찍어서 진실이 밝혀졌습니다. 또 어떤 사역자들은 자신의 손이 기름으로 적셔진다고 주장했습니다. 어떤 사람들은 자신들의 집회에는 금가루가 날린다고 주장하며 또 자신들의 성경책에 금가루가 생겼다고 주장합니다. 실제로 어떤 사람들이 저에게 이 금가루를 보여주며 이렇게 말했습니다. "이것이 하나님의 말씀을 저에게 더욱 더 실재가 되게 합니다." 제가 눈에 보이는 이런 것들을 가지고 나타난다면 많은 사람들이 "가서 그 사람 얘기를 들어보자!"고 할 것입니다. 그러나 "하나님의 말씀을 전하러 갑니다."라고 하면 별 반응을 나타내지 않을 것입니다. 그런 태도는 잘못된 것입니다. 금가루나 깃털, 기름 또는 소름이 돋는 것, 뿌연 연기나 천사를 보는 것 등, 그 어떤 것보다 하나님의 말씀을 통해 그분의 음성을 듣는 것이 실제로 더 좋은 것입니다. 하나님의 말씀을 능가하고 앞서는 것은 아무것도 없습니다. 우리는 이것에 대한 생각을 바꿔야만 합니다.

'하나님의 말씀'과 '특별한 기적'이라는 두 개의 문 중에서 하나만 열어야 한다면 대부분의 사람들이 '특별한 기적'이라는 문을 열고 싶어 할 것입니다.

더 좋은 것

베드로후서 1장에서 사도 베드로가 하는 얘기는 이렇습니다. "내가 곧 죽을 것을 나는 압니다. 그래서 당신들이 다음의 것들을 기억하길 바랍니다. 우리는 간교하게 꾸민 이야기를 따른 것이 아니기 때문입니다. 다음은 우리가 꾸며낸 이야기가 아닙니다. 우리는 귀로 하나님의 음성을 들었고 그분의 임재를 눈으로 보았습니다. 예수님께서 변화산에 계셨을 때 우리가 함께 있었거든요." 그가 이런 이야기를 하는 것은 그동안 자신이 한 모든 말들을 사람들이 받아들이도록 권위를 증명하기 위함입니다.

그리고 베드로는 19절에서 이렇게 말합니다.

> 우리는 더 확실한 예언의 말씀을 가졌습니다   벧후 1:19

베드로는 방금 예수님께서 빛을 발하신 것을 보았다고 말했습니다. 영광의 구름이 그분을 덮는 것도 보았습니다. "이는 내 사랑하는 아들이다"(마 17:1-9)라는 하나님의 음성도 귀로 들었습니다. 그는 예수님이 나사로를 살리신 것을 보았고 바디매오의 눈을 뜨게 해 주신 것도 보았습니다(요 11:43-44, 막 10:46-52). 주님의 능력이 절름발이를 걷게 만들어 주신 것도 경험했습니다(행 3:6-8). 베드로는 이 모든 것을 보았습니다. "이것이 우리가 본 것과 들은 것이 진짜라는 것을 증명한다."고 말하면서 자신이 목도한 것들을 다시 한 번 자세하게 설명하고 있습니다. 그러다 돌이켜 이렇게 말합니다. "우리에게는 이 모든 것들보다 더 나은 것이 있다." 하나님의 임재를 눈으로 보는 것과 그분의 음성을 귀로 듣는 것보다 더 좋은 것이 어디 있단 말입니까? 예수님께서 이 모든 기적을 행하시는 장면을 직접 보는 것보다 더 나은 것이 무엇이란 말입니까?

19-21절은 이렇게 증거합니다.

> 또 우리에게는 더 확실한 예언이 있어 어두운 데를 비추는 등불과 같으니 날이 새어 샛별이 너희 마음에 떠오르기까지 너희가 이것을 주의하는 것이 옳으니라 먼저 알 것은 성경의 모든 예언은 사사로이 풀 것이 아니니 예언은 언제든지 사람의 뜻으로 낸 것이 아니요 오직 성령의 감동하심을 받은 사람들이 하나님께 받아 말한 것임이라   벧후 1:19-21

이 모든 것을 종합하며 베드로는 이렇게 말합니다. "우리에게는 눈으로 볼 수 있는 하나님의 임재보다 더 좋은 것이 있습니다. 하나님의 음성을 귀로 듣는 것보다 더 좋은 것입니다. 눈으로 볼 수 있고 만질 수 있는 기적보다 더 좋은 것이 있습니다. 우리가 당신들에게 나눌 수 있는 진리를 증명하는 가장 권위 있는 것은 하나님의 말씀입니다. 하나님의 음성을 듣는 방법 중에서 가장 위대한 것은 하나님의 말씀입니다." 그러므로 우리의 두려움과 의심에 맞서기 위한 가장 강하고 능력 있는 도구도 하나님의 말씀입니다.

거꾸로 되다

이것이 당연한 것이 되어야 합니다. 그러나 대부분의 사람들은 누가 옆에 와서 어깨를 감싸주며 격려해 주기를 바랍니다. 편지를 넣은 초콜릿이나 이런저런 것들을 받았으면 합니다. 성경이 옆에 있지만 상관하지 않습니다. 그렇지 않다고 부인하면서도 저에게 기도를 부탁할 때는 "하나님께서 저에게 주시는 특별한 예언의 말씀을 받지는 않으셨나요?" 하고 물어봅니다.

저는 이렇게 대답합니다. "성경책 안에 수만 가지 말씀이 있잖습니까? 당신의 성경책을 펴서 그 말씀들을 사용하시지요?"

문제는 대부분의 사람들이 사람에게 받은 예언이나 격려의 말, 또는 귀로 들을 수 있거나 눈으로 볼 수 있는 표적을 존중하는 만큼 기록된 하나님의 말씀을 존중하지 않는 데 있습니다. 거꾸로 된 것이죠. 바로 그런 이유 때문에 의심이 많아지게 된 것입니다.

주님은 우리의 믿음이 있는 곳에서 우리를 만나주십니다. 물론, 하나님께서는 여러 가지 외적인 방법으로 많은 사람들에게 말씀하셨습니다. 그것을 부인하는 것은 아닙니다. 외적으로 나타난 것을 경험한 사람들을 저도 많이 알고 있고 그들이 보고 들은 것에 대한 간증이 말씀에 어긋나지 않았습니다. 하나님께서 그런 일들을 하셨다는 것에 대해 저는 의심이 없습니다. 제가 하는 말은 만약에 당신이 기적이나 귀에 들리는 음성, 눈에 보이는 현상 또는 뭔가 당신에게 도움이 될 만한 기적을 더 추구하고 더 소망

한다면, 그것은 일시적인 해결책일 뿐이라는 것입니다. 그런 것의 효과는 그리 오래가지 않습니다. 상황은 변하기 마련입니다. 사단도 와서 부정적인 이적 같은 것을 보여줄 수 있습니다. 그러나 만일 당신이 하나님의 말씀으로 돌아가서 그것을 절대 권위로 삼고 성경말씀을 하나님께서 직접 당신에게 말씀하시는 것으로 본다면 당신이 가진 그 어떤 의심이라도 말씀이 직접 극복해 줄 것입니다. 당신이 알아야 하는 모든 것을 하나님의 말씀이 확증해 줄 것입니다. 이것이 바로 하나님의 음성을 듣는 가장 높은 차원의 최고의 방법입니다.

물리적, 실체적 증거

주님의 제자 중에 도마(종종 의심 많은 도마로 불림)가 예수께서 죽은 자들 가운데에서 부활하셨다는 소식에 이렇게 반응합니다.

> 다른 제자들이 그에게 이르되 우리가 주를 보았노라 하니 도마가 이르되 내가 그의 손의 못 자국을 보며 내 손가락을 그 못 자국에 넣으며 내 손을 그 옆구리에 넣어 보지 않고는 믿지 아니하겠노라 하니라   요 20:25

다른 말로 하자면 "영적인 영역에서 물리적인 영역으로 나타나지 않으면 나는 믿지 않겠다. 나에겐 물리적, 실체적 증거가 필요해."라고 한 것입니다. 오늘날 많은 사람들이 이와 같습니다.

그 이후 팔 일이 지나고 예수님께서 나타나십니다. 이번에는 도마도 그 자리에 있었습니다. 도마에게 자신의 옆구리와 손을 만져보라고 하신 후, 주께서 이렇게 말씀하십니다.

> 믿음 없는 자가 되지 말고 믿는 자가 되라   요 20:27

도마가 말합니다. "나의 주 나의 하나님."(요 20:28) 그리고 예수님께서 도마에게 말씀하십니다.

> 너는 나를 본 고로 믿느냐 보지 못하고 믿는 자들은 복되도다
> 하시니라   요 20:29

예수님께서는 물리적 현상이 아니라 말씀으로 인해 믿는 믿음에 더 큰 축복을 더하셨습니다.

정진하기

당신이 만약 하나님의 말씀을 생명이 없고 죽은 무미건조한 것으로 본다면 이런 이야기가 별로 흥미롭게 들리지 않을 것입니다.

만약에 당신이 그런 상태라면 그 이유는 성령께서 살아있는 말씀을 보여주실 만큼 당신이 진정으로 진지하게 말씀을 대하지 않았기 때문입니다. 정말 하나님의 말씀은 살아 있습니다. 생명이 있습니다. 능력이 있습니다(히 4:12). 말씀이 가장 확실한 예언입니다(벧후 1:19). "말씀은 하나님이 직접 나에게 하시는 말씀이라고 나는 믿는다. 성령님께서 나에게 이 말씀을 열어 보여주시기에 그걸 증명하기 위해서 전율을 느껴야 할 필요도, 환상을 봐야 할 필요도 없다. 하나님의 말씀으로 충분하다." 당신이 이렇게 하나님의 말씀 안에 있는 진리를 믿음으로 취해 선포한다면, 더 큰 축복과 기름부음이 당신의 삶에 풀어질 것입니다. 이런 자세를 가지고 믿기 시작하면서 하나님의 말씀에 자신의 삶의 기초를 둔다면 이적이나 눈에 보이는 다른 것들을 추구했을 때보다 더 큰 기름부음과 믿음의 나타남을 경험하게 될 것입니다.

하나님은 더 높은 이 단계로 당신을 데려가기 원하십니다. 꿈, 천사가 나타나는 것, 누군가 당신의 이름을 알아맞히며 당신에게 직접 예언을 하는 것 등을 간절히 구하고 부르짖었지만 그 기도에 응답하지 않으신 이유는 하나님이 당신을 너무나 사랑하시기 때문입니다. 하나님은 당신이 제일 낮은 단계에 있기를 원치 않으십니다. 하나님은 당신이 더 높이 올라가 하나님의 말씀을 통해 그분을 신뢰하기 원하십니다.

1978년도에 아내와 저, 그리고 두 아들이 함께 케네스 코플랜드의 집회 West Coast Believer's Convention에 참석했습니다. 당시 저는 작은 교회에서 목회하고 있었기 때문에 이 행사에 참석하는 것은 우리에게 큰 의미가 있는 휴가였습니다. 우리 가족은 가진 것을 다 모았습니다. 그리고 하나님의 음성을 듣기를 기대하며 그곳으로 향했습니다. 당시 주님께서 제 사역에 변화가 있을 것을 말씀하고 계셨습니다. 그때까지는 교회에서 목회를 해 왔었는데 당시 주님께서는 제가 여러 지역을 순회하면서 더 많은 사역을 할 것에 대해 말씀하셨습니다. 저에게 그것은 큰 믿음이 필요한 변화였기에 하나님으로부터 오는 예언을 받을 거라고 진정으로 믿으며 그 집회로 가고 있었습니다.

그곳에는 수천 명의 사람들이 와 있었고, 우리는 한참 위쪽에 앉게 되었습니다. 너무 멀리 앉았기 때문에 케네스 코플랜드가 우리를 볼 수 있을지 몰랐습니다. 그러나 저는 마음속으로 케네스 코플랜드에게 집중하며 "나는 예언을 받을 거야. 오, 하나님, 예언의 말씀 하나만 주세요."라고 기도했습니다.

"왜 나를 신뢰하지 않니?"

제가 그렇게 기도하면서 하나님께 예언의 말씀을 구하고 있을 때, 케네스 코플랜드가 예언을 시작했습니다. 그는 저 아래쪽 무대에 서 있었지만 예언하면서 저를 가리키는 것 같았습니다. 저는 매우 놀랐습니다. "기도가 응답되네! 하나님께서 나에게 말씀하신다!"라고 생각했습니다.

그 예언은 대략 다음과 같았습니다. "내가 이미 말한 대로 하라. 나는 너에게 일어나 나아가라고 말했다. 너의 모든 필요를 내가 채울 것이다. 너는 지금 있는 곳을 떠나 내가 너에게 준 약속의 땅으로 가라." 그 예언에는 그 외에 다른 능력의 말씀들도 있었습니다.

케네스 코플랜드가 한 말은 하나님께서 제 마음속에 하신 말씀과 거의 토시 하나 틀리지 않고 동일했습니다. 저는 너무나도 흥분했습니다. "기도가 응답되네! 하나님이 내게 직접 말씀하시고 계신다!" 그런데 예언이 다 끝나고 케네스가 말하길 "에드Ed, 들었나? 자네를 위한 예언이었네."하는 것이었습니다. 아래쪽을 보니 '에드'라는 남자가 거기 서 있었습니다. 케네스 코플랜드는 그 사람에게 예언하고 있었던 것입니다. 제가 하나님께 예언의 말씀을 구하면서 기도하느라고 그 예언이 '에드'라는 사람을 위한 것이라고 말한 앞부분을 못 들은 것입니다. 그래서 '에드'라는 이름을 들었을 때 제 마음이 무너졌습니다. "오, 하나님. 저에게 말씀하시는 줄 알았습니다."

그때 주님이 제 마음에 이렇게 말씀하셨습니다. "저 예언이 만일 앤드류 워맥을 위한 것이라고 한들, 내가 너에게 이미 말해준 것과 다른 것이 있느냐? 저 예언 속에 네가 말씀을 공부하며 기도할 때 내가 말해주지 않은 어떤 정보라도 있느냐?"

"아니요." 제가 대답했습니다.

"그럼 다른 것들을 구하지 말고 나를 신뢰하라! 말씀만으로 만족하라!"

"아버지, 알겠습니다!"

주님께서 저를 사랑으로 꾸짖어 주셨습니다. 그분의 꾸지람을 받아들이며 말했습니다. "아버지, 알겠습니다! 또 다시 확증을 구하고 다니지 않겠습니다. 제 마음에 이미 하신 말씀을 저는 압니다." 저는 그렇게 결단을 하고, 그 후 바로 제가 목회하던 교회를 떠나 순회사역을 시작했습니다. 제 인생과 사역에 큰 변화였습니다.

우리 대부분은 말씀만을 취하길 원치 않습니다. 내면에 강건함이 없어 불안해합니다. 하나님의 말씀과 성령님의 조명에 자신이 없는 것입니다. 모든 사람이 나에게 와서 확증해 주어서 전혀 의심 없는 상태가 되길 원합니다. 그러나 하나님은 대부분의 경우 그렇게 일하지 않으십니다.

당신이 가질 수 있는 그 어떤 것보다 하나님의 말씀이 더 확실한 예언의 말씀입니다. 하나님의 말씀을 취해 묵상하십시오. 성령께서 당신의 상황에 적절하게 적용할 수 있게 해 주실 것입니다. 그리고 그것을 행동으로 옮기십시오. 이것이 가장 높은 차원의 믿음입니다. 그것이 바로 오직 하나님의 말씀에만 기초를 둔 믿음입니다. 이 놀라운 진리를 취하여 삶에 적용한다면 당신은 변화될 것입니다.

> 사람의 마음이
> 하나님으로부터 한 번에 돌아서서
> 바로 무감각해지거나
> 하나님의 음성을 바로 듣지
> 못하게 되는 일은 없습니다.
> 조금씩 점진적으로 그렇게 됩니다.

10장

마음으로 읽기

제가 막 주님을 구하기 시작했을 때 마가복음 4장의 비유가 제게 큰 영향을 미쳤습니다. 그 비유들이 저의 삶을 변화시켰고 방향을 결정해 주었습니다. 제가 달려갈 길을 알려 주었다고 할 수 있습니다. 저는 하나님께서 저에게 놀라운 계획을 가지고 계신 것을 알았고 그러기 위해서는 엄청난 성장과 변화가 있어야 할 것도 알았으나 어떻게 시작해야 할지 몰랐습니다. 그 당시 저의 상태에서 제 마음에 하나님께서 보여 주신 그분이 원하시는 저의 모습으로 가는 방법을 몰랐습니다. 당시 제가 주님을 구하고 있을 때 주님께서 분명하게 이 비유를 저에게 말씀하셨습니다. 지금도 저는 이 비유를 매주 또는 매일 사용합니다. 이 비유는 제 삶의 한 부분이 되었습니다.

예수님께서 씨를 심는 자의 비유와 함께 하나님의 나라가 어떻게 역사하는지에 관한 열 가지 비유를 하루에 다 가르치셨습니다. 사실 이 부분은 하나님의 말씀 중에 예수님의 공생애에서 하루

동안 일어난 일에 대해 가장 많은 정보를 주는 부분입니다. 마태복음, 마가복음, 누가복음, 요한복음을 사건이 일어난 순서에 따라 한꺼번에 나란히 놓고 보면 알 수 있습니다. 저의 책『라이프 포 투데이 성경 공부 및 주석 시리즈 - 복음서편』이 그렇게 정리되었습니다. 4복음서에 나타난 한 사건을 한 페이지에서 모두 볼 수 있기 때문에 매우 효과적입니다.

> 예수께서 다시 바닷가에서 가르치시니 큰 무리가 모여들거늘 예수께서 바다에 떠 있는 배에 올라 앉으시고 온 무리는 바닷가 육지에 있더라 이에 예수께서 여러 가지를 비유로 가르치시니 그 가르치시는 중에 그들에게 이르시되   막 4:1-2

이 부분에서 예수님은 씨 뿌리는 자의 비유를 가르치십니다.

> 들으라 씨를 뿌리는 자가 뿌리러 나가서 뿌릴새 더러는 길가에 떨어지매 새들이 와서 먹어 버렸고 더러는 흙이 얕은 돌밭에 떨어지매 흙이 깊지 아니하므로 곧 싹이 나오나 해가 돋은 후에 타서 뿌리가 없으므로 말랐고 더러는 가시떨기에 떨어지매 가시가 자라 기운을 막으므로 결실하지 못하였고 더러는 좋은 땅에 떨어지매 자라 무성하여 결실하였으니 삼십 배나 육십 배나 백 배가 되었느니라 하시고 또 이르시되 들을 귀 있는 자는 들으라 하시니라   막 4:3-9

네 가지 종류의 땅

예수님께서 씨를 뿌리러 나간 사람의 비유를 말씀해 주셨습니다. 이 사람은 밭을 갈고 씨를 하나씩 뿌리는 식으로 하지 않았습니다. 당시에는 씨가 담긴 자루를 메고 나가 논밭을 다니며 뿌렸고, 그러면 씨가 여기저기에 떨어졌습니다. 이 비유에 따르면 씨는 각각 네 가지 종류의 땅에 떨어집니다. 4절을 보면 첫 번째 종류의 땅이 나옵니다.

더러는 길 가에 떨어지매 새들이 와서 먹어 버렸고

다른 말로 하면 이 씨는 땅속으로 들어가 보지도 못했다는 것입니다. 새들이 와서 먹어버리는 바람에 뿌리를 내리지도 못합니다.

두 번째 종류의 땅에서는 씨가 땅속으로 들어가지만 그 밭에는 돌이 너무 많아서 씨가 자라지 못합니다(막 4:5-6). 돌이 많고 흙이 충분하지 못하기에 씨가 제대로 성장하지 못하는 것입니다.

세 번째 종류의 땅은 충분한 흙이 있습니다. 씨가 성장하기 시작하지만 가시떨기 때문에 기운이 막혀서 열매를 맺지 못합니다(막 4:7).

네 번째 종류의 땅은 심어진 씨의 백배로 열매 맺습니다(막 4:8).

영적으로 무뎌지다

예수님께서 이 비유를 말씀해 주신 후에 제자들이 와서 설명해 달라고 합니다. 그들은 이 비유가 단지 씨를 심고 그 씨가 어떻게 자라 열매를 맺는지에 관한 것은 아니라고 생각한 것입니다. 그들은 여기에 어떤 영적인 적용점이 있다는 것을 알았지만 그것이 무엇인지는 몰랐습니다. 그래서 예수님께 이 비유의 해석을 부탁하게 됩니다. 그리고 이것도 질문합니다. "왜 이 사람들에게는 비유로 말씀하십니까?"(마 13:10)

> 대답하여 이르시되 천국의 비밀을 아는 것이 너희에게는 허락되었으나 그들에게는 아니 되었나니 무릇 있는 자는 받아 넉넉하게 되되 없는 자는 그 있는 것도 빼앗기리라 그러므로 내가 그들에게 비유로 말하는 것은 그들이 보아도 보지 못하며 들어도 듣지 못하며 깨닫지 못함이니라   마 13:11-13

사람들은 하나님을 향해 마음이 굳어졌습니다. 사람들의 생각이 하나님의 길과 너무나 다르기 때문에 영적인 진리를 이해하지 못합니다. 영적으로 무뎌진 것입니다.

이 백성들의 마음이 완악하여져서 그 귀는 듣기에 둔하고 눈은 감았으니 이는 눈으로 보고 귀로 듣고 마음으로 깨달아

돌이켜 내게 고침을 받을까 두려워함이라 하였느니라

마 13:15

　비록 이 말씀은 예수님께서 2천 년 전에 한 무리의 사람들에게 하신 말씀이지만 오늘날 이 세대의 모습과도 매우 흡사합니다. 주님은 "이 사람들의 마음은 완악하여waxed gross졌구나."라고 말씀하십니다. '완악하여졌다'의 단어 뜻 그대로를 보면 점진적으로, 한 단계 한 단계 무감각해졌다는 뜻입니다. 사람의 마음이 하나님으로부터 한 번에 돌아서서 바로 무감각해지거나 하나님의 음성을 바로 듣지 못하게 되는 일은 없습니다. 조금씩 점진적으로 그렇게 되는 것이지요.

영적인 코드

　'완악하여졌다'로 번역된 'waxed gross'의 'wax'는 양초가 만들어졌던 옛날 방법을 표현하는 말입니다. 그때는 양초의 심지를 잡고 뜨겁게 녹아있는 촛농에 담갔다가 빼내는 방법으로 양초를 만들었습니다.

　그렇게 담갔다가 꺼내기를 반복해서 심지에 겹겹이 촛농을 입혀 결국에는 양초 하나를 완성합니다. 우리 마음이 그렇게 되었다는 것입니다. 이 세상의 일에 지배받아서 점점 영적으로 둔감해지는 것입니다. 세상의 일이라는 것이 단지 불경건한 일들만을 말하는 것이 아닙니다. 현실적인 일들도 우리 생각을 지배할 수 있습니다. 세상의 비극적인 일들과 뉴스, 또는 예능 프로그램에 너무 빠져서 결과적으로 영적인 생각으로부터 한 겹 한 겹 우리 자신을 고립시킵니다. 우리는 물리적인 세상에 살고 있고 그 안에서 움직이다 보니, 하나님의 말씀 안에서 충분한 시간을 보내면서 그분과 교제하고 그 마음으로 영적인 것들을 듣고 배우는 사람이 많지 않습니다. 우리 자신이 물리적인 것들에 너무나 소모되어서 머지않아 한 번의 방관이 또 다른 방관을 불러와 결과적으로 그것이 우리가 사고하는 방식에 방해가 됩니다.

그러므로 주님께서 비유로 사람들에게 말씀하신 이유는 사람들의 마음이 둔감해졌기 때문입니다. 점진적으로 둔감해진 것입니다. 그들의 귀는 듣지 못합니다. 눈이 있어도 보지 못합니다. 오늘날 사람들은 너무나 육적이라 주님의 말씀을 들을 수 있는 사람들이 별로 없습니다. 그들 안에 영적 민감함이 전혀 없어서 말씀을 받을 수 없는 것입니다.

원래 모든 사람들 안에는 점화장치 같은 것이 있어서 영적인 이해를 통해 하나님께 받을 수 있는 잠재력이 있습니다. 그러나 이 점화장치도 개발이 되어야 합니다. 그런데 대부분의 사람들이 주님께 집중해서 보내는 시간이 없다보니 영적으로 둔감해지는 것입니다. 그런 이유로 주께서 이런 사람들에게 말씀하실 수 있는 길이 전혀 없기 때문에 이 영적 진리들을 비유로 말씀하시는 것입니다.

예수님께서 말씀하시기를 제자들은 하나님으로부터 특별한 기름부음을 받았기 때문에 영적인 진리들을 해석하고 배울 수 있다고 하셨습니다. 이것이 주님께서 비유로 말씀하시는 두 번째 이유입니다. 비유는 마치 영적 코드와 같은 것입니다. 이 진리들은 들을 귀가 없는 자들에게는 가려져 있습니다. 하나님을 찾지도 않고 하나님을 향한 마음이 없는 자들에게는 비유라는 것 자체가 어리석어 보이기 때문에 거절합니다. 그러나 하나님을 향한 마음이 있는 사람들에게는 성령님께서 이 진리들을 구체적으로 해석해 주시고 설명해 주십니다.

> 그러나 너희 눈은 봄으로, 너희 귀는 들음으로 복이 있도다 내가 진실로 너희에게 이르노니 많은 선지자와 의인이 너희가 보는 것들을 보고자 하여도 보지 못하였고 너희가 듣는 것들을 듣고자 하여도 듣지 못하였느니라 그런즉 씨 뿌리는 비유를 들으라   마 13:16-18

"이것이 무슨 뜻입니까?"

예수님께서는 제자들에게 특별한 기름부으심이 있다고 말씀하셨습니다.
요한일서 2장 20절은 이렇게 말합니다.

너희는 거룩하신 자에게서 기름 부음을 받고 모든 것을 아느니라

성령께서 우리에게 오신 이유는 우리의 자연적 생각으로는 알 수 없는 것들을 가르쳐 주시고 설명해 주시기 위함입니다(요 14:26, 16:13-15). 주님께서 비유를 사용하신 이유는 물리적, 자연적 예를 들어 사람들이 이해할 수 있게 도와주시기 위함입니다. 예수님 당시는 농업사회였기 때문에 사람들에게 씨를 뿌리는 모습이 익숙했습니다. 땅과 긴밀한 삶을 살았다는 뜻이지요. 그럼에도 불구하고 모든 비유에는 성령님께서 계시해 주시는 영적인 진리가 감춰져 있고 담겨져 있었습니다.

오늘날도 마찬가지입니다. 사람들이 말합니다. "말씀은 왜 이렇게 기록되었지? 주님은 왜 하고 싶은 얘기를 그냥 직접적으로 하지 않으셨나?" 그 이유는 우리의 인간적인 생각으로는 하나님께서 우리에게 하시고자 하는 말씀을 이해할 능력이 없기 때문에 주께서 비유로 말씀하실 수밖에 없었던 것입니다. 그래서 하나님의 말씀을 설명해 주시는 성령님을 우리 각 사람에게 보내주셨습니다.

많은 사람이 말씀에 대항하여 비난하기를 "성경은 이해하기가 너무 어려워."라고 합니다. 그 이유는 말씀을 자신의 생각으로 읽기 때문입니다. 자신의 물리적 두뇌만으로 이해하고자 한다면, 예, 하나님의 말씀은 어렵습니다. 그러나 성경은 머리로 이해할 수 있는 것이 아닙니다. 그렇다고 성경이 비논리적이라는 말씀은 아닙

니다. 정확하지 않고 말이 안 된다는 뜻도 아닙니다. 하나님의 말씀은 세상이 우리에게 가르쳐 주는 자연적인 것들과 다르다는 말입니다. 말씀은 우리의 육적인 생각으로 이해할 수 없습니다. 주님은 하나님의 말씀을 우리의 마음으로 이해하도록 쓰셨습니다.

당신은 하나님의 말씀을 마음으로 읽을 수 있습니다. 말씀을 읽다보면 머리로는 하나도 이해가 안 될 수 있습니다. 그러나 이해하지 못하는 부분을 만날 때 잠시 멈춰서 이렇게 기도해 보십시오. "아버지, 이해가 안 됩니다. 이것이 무슨 뜻입니까?" 그리고는 그 구절을 묵상하며 하나님의 음성을 듣기 위해 마음을 여십시오. 그리고 마음을 다해 이렇게 기도하십시오. "당신을 알기 원합니다. 당신이 하시는 말씀을 알기 원합니다." 그렇게 하면 하나님께서 그분의 말씀을 통해 당신에게 말씀하실 것입니다.

로제타석 The Rosetta Stone

이것을 경험해 보신 분이 계시다면 제 말을 이해하실 것입니다. 이 경험을 제가 설명한 것처럼 하지는 못해도 말씀에는 글 이상의 것이 있음을 당신은 아실 것입니다. 그것은 하나님께서 당신의 마음에 말씀하신 것입니다. 또는 이런 경험이 없어서 지금 이해하기 힘들어 하고 계실지도 모르겠습니다.

하나님의 말씀을 취하여 머리로 이해하며 읽을 때, 생각을 넘어

동시에 제 마음으로 그 말씀을 들을 수 있는 특권은 그리스도인으로서 저의 삶에 가장 멋진 일 중 하나입니다. 그때 하나님께서는 저에게 말씀하십니다. 그분의 말씀이 살아납니다. 성경을 통해 생명이 저에게 공급됩니다. 이런 경험이 없으시다면 가장 놀라운 것을 놓치고 있는 것입니다.

이 씨 뿌리는 자의 비유가 저의 삶을 바꾸어 놓았습니다. 제가 이 책의 나머지 부분에서 나눌 내용은 하나님께서 저에게 보여주신 진리들 중에 가장 기초가 되고 토대가 되는 것들입니다. 만약 씨 뿌리는 자의 비유가 당신이 좋아하는 성경말씀이 아니라면, 또 이 말씀이 당신의 삶을 변화시키지 못했다면 당신은 그리스도인의 삶에 있어 가장 중요한 열쇠를 놓치고 있는 것입니다.

예수님께서 이 비유를 하신 후에 제자들이 묻습니다. "주님은 왜 사람들에게 비유로 말씀하십니까?" 주님께서 대답하십니다.

> 너희가 이 비유를 알지 못할진대 어떻게 모든 비유를 알겠느냐
> 막 4:13

예수님의 말씀은 이런 것입니다. "너희가 이 비유를 이해하지 못한다면 나머지 모든 비유를 이해하지 못할 것이다. 이 비유를 해석하여 삶에 적용하지 못한다면 너희들은 나의 가르침을 이해하지 못한다." 다른 말로 하면, 이 비유가 결정적으로 중요하다는 말입니다. 저는 이 비유를 성경의 '로제타석' 이라 부릅니다.

열쇠

수년 동안 고고학자들이 이집트에서 땅을 파면서 연구했습니다. 그래서 여러 가지 상형문자를 발견했지만 그것의 의미를 열어주는 열쇠를 발견하지 못했습니다. 그 언어를 아는 사람이 없었습니다. 고대 이집트인들이 기록한 엄청난 양의 정보가 있었지만 아무도 읽을 수 없는 상형문자로 기록되어 있었습니다.

그러다가 어느 날 이 고고학자들이 한 돌을 발견하게 되는데, 후에 이 돌은 '로제타석'이라 불리게 됩니다. 이 돌에는 이집트의 상형문자를 포함한 각각 다른 세 언어로 같은 내용이 기록되어 있었습니다. 그리고 이 돌에 기록된 나머지 두 언어를 이용하여, 알 수 없었던 그 상형문자를 이해할 수 있게 되었습니다. 이 '로제타석'이 그 상형문자를 이해할 수 있게 해 준 열쇠가 된 것입니다. 그 이후로 학자들은 고대 이집트인들이 상형문자로 기록하여 우리에게 남긴 모든 내용을 읽고 이해할 수 있게 되었습니다.

이 씨 뿌리는 자의 비유가 바로 성경의 '로제타석'입니다. 우리 주님이 말씀하십니다. "이 비유를 이해하지 못하겠느냐? 이 비유를 이해하지 못한다면 다른 것은 어떻게 이해하겠느냐?" 이것이 예수님의 모든 가르침과 모든 비유를 이해하는 데 열쇠가 됩니다. 그리스도께서 직접 이렇게 선포하셨습니다. "이것이 열쇠다. 이 비유를 이해하면 그 어떤 비유도 이해할 수 있다. 이 비유를 이해하지 못하면 그 어떤 비유도 이해할 수 없다." 주님의 이 말씀은 강력합니다!

이 비유가 예수님의 가르침에 기초 토대가 되는 것입니다. 하나님의 나라에서 형통하길 원하는 사람이라면 누구든지 배워야 하는 것입니다. 또한 매일의 삶에서 우리가 실행하고 근본으로 삼아야 하는 필수적이며 기본적인 진리입니다.

만약 씨 뿌리는 자의 비유(마태복음 13장, 마가복음 4장, 누가복음 8장)가 당신의 삶에 가장 중요한 말씀이 아니며 하나님께서 직접 당신에게 말씀하신 구절이 아니라면, 그 때문에 당신이 성경을 분명히 이해하지 못하는 것입니다. 그래서 당신이 하나님의 나라가 어떻게 역사하는지 모르는 것이며, 다른 사람의 도움을 의지하는 것입니다. 스스로 이해할 수 있는 능력이 없기 때문입니다. 또한 자기 자신을 영적으로 개발하여 주님과 어떻게 관계하는지 배운 다른 사람들을 의지하고 있기 때문입니다.

이 구절을 받아들이신다면, 이 말씀이 당신의 삶을 변화시킬 것입니다. "이제 충분히 설득됐으니 빨리 그 진리나 말해주시지요!"라고 하실지 모르겠습니다. 하나님의 진리를 이해하는 것은 어렵지 않습니다. 어려운 것은 사람들로 하여금 그들의 마음을 열고 듣게 하는 것입니다.

11장

씨

예수님께서 제자들을 위해 씨 뿌리는 자의 비유를 해석해 주십니다.

뿌리는 자는 말씀을 뿌리는 것이라 말씀이 길 가에 뿌려졌다는 것은 이들을 가리킴이니 곧 말씀을 들었을 때에 사탄이 즉시 와서 그들에게 뿌려진 말씀을 빼앗는 것이요 또 이와 같이 돌밭에 뿌려졌다는 것은 이들을 가리킴이니 곧 말씀을 들을 때에 즉시 기쁨으로 받으나 그 속에 뿌리가 없어 잠깐 견디다가 말씀으로 인하여 환난이나 박해가 일어나는 때에는 곧 넘어지는 자요 또 어떤 이는 가시떨기에 뿌려진 자니 이들은 말씀을 듣기는 하되 세상의 염려와 재물의 유혹과 기타 욕심이 들어와 말씀을 막아 결실하지 못하게 되는 자요 좋은 땅에 뿌려졌다는 것은 곧 말씀을 듣고 받아 삼십 배나 육십 배나 백 배의 결실을 하는 자니라   막 4:14-20

예수님께서는 씨를 여기저기 뿌리는(당시 씨를 뿌리는 방법입니다) 한 사람에 대해 말씀하십니다. 그가 씨를 뿌리자 이 씨는 네 가지 종류의 땅에 떨어집니다. 주님은 이 네 가지 종류의 땅이 각각 어떻게 반응했는지, 즉 이 씨를 싹 틔웠는지 아닌지 말씀하십니다. 이것이 이 비유의 내용입니다.

단순함

이 비유의 참 목적은 씨 심는 방법을 가르치고자 하는 것도 아니며 농부가 되는 방법을 가르치고자 하는 것도 아닙니다. 예수님께서는 우리가 이해할 수 있는 자연적인 것을 취하여 영적인 진리를 설명하신 것입니다. 마가복음 4장 14절이 이 비유의 열쇠입니다.

> 뿌리는 자는 말씀을 뿌리는 것이라

누가복음 8장 11절은 이렇게 묘사합니다.

> 이 비유는 이러하니라 씨는 하나님의 말씀이요

심어지는 씨는 하나님의 말씀입니다. 그러니 이 비유는 농부가 곡식을 어떻게 거두는가에 대한 것이 아니지요. 이 비유는 하나님의 나라가 어떻게 역사하는지에 관한 것이며 하나님의 나라는 하나님의 말씀으로 역사한다는 것을 알려주고 있습니다.

사람들은 항상 더 깊고 더 복잡한 것을 찾지만, 이 비유는 너무도 단순해서 누군가 오해하도록 도와주지 않으면 오해하기도 힘듭니다. 하나님의 나라, 즉 그리스도인으로서의 삶, 믿는 자의 승리와 성공은 너무 간단하여 하나님의 말씀을 취해 당신의 마음에 심는 것이 전부입니다. 하나님의 말씀이 싹을 틔우도록 협조만 한다면 당신은 노력 없이 변화될 것입니다.

놀라면서 실망하다

하나님의 말씀이 역사하는 것을 설명하기 위해 예수님께서 씨를 사용하신 데에는 분명한 이유가 있습니다. 왜냐하면 자연적인 영역에서 물리적인 씨가 자라는 것과 우리 삶에서 하나님의 말씀이 역사하는 것에는 상당한 유사점이 있기 때문입니다.

자연적인 영역에서 어떤 사람이 밭을 갈지도 않고, 씨를 심지도 않고, 씨에 물을 주지도 않으면서 그 씨가 자라기를 기대한다면 우리는 그 사람을 '미쳤다'고 할 것입니다. 필요한 일을 아무것도 안 했기에 밭에 소산이 없다면 당연하게 여길 것입니다. 그러나 영적인 영역에서는 다릅니다. 씨를 한 번도 심어 보지 않은 사람들이 밭에 소산이 없다고 놀라면서 실망을 합니다. "왜 나는 치유가 안 되는 거야? 왜 나는 형통하지 않나? 하나님은 왜 내 기도에 응답하지 않으시나? 내 인간관계는 왜 다 이 모양이지? 나는 왜 한 직장에서 오래 못 있는 건가? 왜 내 인생은 되는 일이 없는 거야?" 이런 일로 하나님께 기도하고 간구하지만 하나님의 말씀과 약속을 취해 그들의 삶에 그 진리들을 심지 않습니다.

많은 사람들이 저에게 와서 이렇게 말했습니다. "하나님께 치유해 달라고 기도했단 말입니다." 제가 물었습니다. "어떤 성경구절을 붙잡고 계십니까? 치유를 위해 어떤 약속(하나님의 말씀에서부터 나온 씨)을 당신의 삶에 심으셨나요?"

그들은 대답합니다. "저는 말씀은 몰라요. 치유가 하나님 뜻이라는 것만 압니다. 하나님께서 저를 치유하기 원하신다는 것을 믿어요." 그러나 그들은 붙잡은 말씀이 없습니다. 받은 약속이 없는 것이지요. 하나님의 말씀을 그들의 마음에 심어 본 적이 없다는 말입니다.

약속받은 육신의 치유

하나님의 말씀에 있는 약속들이 몇 장 몇 절에 있는지 아는 것은 매우 유익합니다. 예를 들어 이사야 53장 4-5절은 이렇게 말합니다.

그는 실로 우리의 질고를 지고 우리의 슬픔을 당하였거늘 우
리는 생각하기를 그는 징벌을 받아 하나님께 맞으며 고난을
당한다 하였노라 그가 찔림은 우리의 허물 때문이요 그가
상함은 우리의 죄악 때문이라 그가 징계를 받으므로 우리는
평화를 누리고 그가 채찍에 맞으므로 우리는 나음을 받았도다

그리고 마태복음 8장 16-17절에는 그 구절이 이렇게 해석되어 있습니다.

저물매 사람들이 귀신 들린 자를 많이 데리고 예수께 오거늘
예수께서 말씀으로 귀신들을 쫓아 내시고 병든 자들을 다 고치
시니 이는 선지자 이사야를 통하여 하신 말씀에 우리의 연약한
것을 친히 담당하시고 병을 짊어지셨도다 함을 이루려 하심
이더라

마태복음의 이 구절은 이사야가 말한 치유가 단지 영적, 감정적 치유가 아니라는 것을 해석해 주고 있습니다. 마태복음 8장에서 예수님이 행하신 일이 이사야 53장의 예언을 성취했기에 우리도 그분의 속죄를 통해 육신의 치유를 약속받은 것이 분명합니다. 치유에 관한 더 많은 성경구절을 원하시면 저의 책『하나님은 당신이 건강하기 원하십니다』의 뒤쪽(246p)에 "치유는 언제나 하나님의 뜻인가?" 부분을 참고하십시오.

가장 큰 이유

 제가 이사야 35장과 40장을 예를 들어 설명했듯이 그 구절들이 성경 어디에 있는지 아는 것은 중요합니다. 왜냐하면 자신으로 하여금 말씀을 더 잘 이해할 수 있게 해 주고 다른 이들에게도 진리를 나눌 수 있게 해 주기 때문입니다.

 그럼에도 불구하고 꼭 장과 절을 외워야 하는 것은 아닙니다. 그 구절이 어디에 있는지는 잘 모를 수도 있습니다. 장과 절을 암송하지 못할 수도 있습니다. 기억을 더듬어 찾아 봐야 할 수도 있습니다. 그러나 그 진리를 추구하고 자신의 것으로 주장하려면 그전에 그 말씀을 반드시 계시로 깨달아야 합니다.

 몸이 아파 침대에 누워 구토할 지경에 이르러서야, "성경 어딘가에 주님이 나를 치유하기 원하신다고 말씀하신 부분이 있는데…"라고 해 봐야 소용없습니다. 하나님의 나라는 그렇게 역사하지 않습니다. 그것은 마치 심지 않고 추수를 바라는 것과 같기 때문입니다. 심지 않았으면 거두지 못합니다.

 사람들이 하나님께 받아 누리지 못하는 가장 큰 이유는 하나님 말씀의 진리를 취해서 그 마음에 심은 적이 없기 때문입니다. 이런 이유로 인해 사람들이 아무리 하나님께 기도하고 원하고 간구하고 떼를 써도 승리를 경험하지 못하는 것입니다. 그래서 주님께서 씨 뿌리는 자와 씨의 비유를 드셨습니다. 주님은 그분의 나라가 어떻게 역사하는지 우리가 알기를 원하십니다. 씨 뿌리는 자는 하나님의 말씀을 심습니다. 주님께서 말씀하시는 씨는 물리적 씨가 아니라, 하나님의 말씀이 씨와 같다는 뜻입니다.

당신이 만약 치유가 필요하다면 치유에 대한 구절을 취하여 묵상하십시오. 성경에서 치유에 관한 모든 구절을 찾으십시오. 성경 속에 치유받은 사람들의 예를 공부해 보십시오.

엄격하지만 당연한 것

잠언 4장 22절은 하나님의 말씀이 다음과 같다고 합니다.

그것은 얻는 자에게 생명이 되며 그 온 육체의 건강이 됨이니라

하나님의 말씀을 씨를 취하듯 마음에 심기 시작하면 이 심어진 말씀이 초자연적인 치유를 당신의 삶에 일어나게 할 것입니다.
다음은 시편 107편 20절입니다.

그가 그의 말씀을 보내어 그들을 고치시고 위험한 지경에서
건지시는도다

하나님의 말씀은 치유와 자유함을 줄 것입니다. 저는 지금 누군가를 꾸짖고 있는 것이 아닙니다. 다만 너무나 많은 사람들이 이

진리를 놓치고 있기 때문에 이것을 강하게 주장하는 것입니다. 하나님의 나라는 '하나님의 말씀이 씨이다' 라는 진리로부터 역사합니다. 자연적 영역과 마찬가지로 열매를 맺으려면 씨를 심어야 합니다. 씨를 많이 심지 않으면 숲을 가질 수 없습니다. 마음에 하나님의 말씀을 심지 않는다면 당신의 삶에서 승리를 얻지 못합니다. 엄격하지만 당연합니다. 간단하지만 진리입니다. 하나님의 나라는 이렇게 역사합니다.

질과 양

 겸손한 마음으로 이 진리를 받아들이면 왜 당신의 삶에 승리가 없는지 답을 줄 것입니다. 하나님의 능력이 역사하는 것을 경험하고 싶은데 왜 그렇지 못하는지 설명해 줄 것입니다. 보통의 사람들은 하나님의 말씀을 묵상하지 않습니다. 하나님의 말씀을 묵상하는 충분한 질적, 양적 시간을 보내지 않습니다. 하나님 말씀에 대한 깊은 이해가 없습니다.

 제가 이렇게 말할 수 있는 이유는 정기적으로 수천 명의 사람들을 대하기 때문입니다. 저에게 오는 거의 모든 사람들이 힘들다고 합니다. 울며 불평하며 저에게 옵니다. 그러나 하나님의 말씀에 대한 그들의 지식은 거의 빈 통이라고 볼 수 있습니다. 그들은 하나님의 말씀이 뭐라고 하는지 모릅니다. "우리 목사님이 말씀하시길"이라고 하거나 "성경 어딘가에 이런 말이 있을 텐데"라고 합니다. 그렇게 해서는 치유가 될 수 없습니다! 하나님의 말씀이 당신에게 계시로 깨달아져야 합니다. 하나님의 말씀이 당신 안에서 살아 있어야 합니다. 말씀의 약속들을 씨를 심듯이 마음에 심고 묵상하지 않으면 당신은 하나님의 말씀이 역사하는 것을 절대 경험하지 못할 것입니다.

"하나님은 왜 내 기도에 응답하지 않으실까?"라며 의아해 하십니까? 하나님은 씨를 주셨는데 우리가 심지 않았기 때문입니다! 마치 이런 사람과 같습니다. "하나님, 왜 저의 정원에 싹이 나게 하지 않으시나요?"하면서 기도합니다. 씨는 심지도 않고 말입니다!

자연의 법칙은 하나님께서 만드신 것이고 하나님은 자신이 만든 법칙을 깨뜨리지 않으실 것입니다. 하나님은 또한 영적인 법칙을 만드셨고 이 법칙도 깨지 않으실 것입니다. 하나님의 말씀이 우리에게 이렇게 말씀하고 있습니다. "그가 그의 말씀을 보내어 그들을 고치시고 위험한 지경에서 건지시는도다"(시 107:20) 말씀 전체에 걸쳐 하나님을 우리의 치료자와 공급자로 계시하는 약속들이 가득하고 주님은 우리가 형통하길 원하신다는 증거가 가득하지만 그분의 치유와 공급을 경험하기 위해서는 하나님의 말씀을 취해 당신의 삶에 심어야 합니다.

주님께서 씨 뿌리는 자의 비유를 사용하신 이유 중 하나는 싹이 나는 과정이 사회적 법칙으로 되는 것이 아니라 자연적 법칙으로 되기 때문입니다. 사람이 만들어 사람에 의해 운영되는 사회적 법칙은 깨질 수도, 조종할 수도 있습니다. 우리 대부분이 학교를 다닐 때 시험공부를 제대로 하지 않았지요. 친구들과 노느라고 시험기간이 다가와서야 공부를 시작합니다. 그리고 시험 전날, 밤을 새며 공부합니다. 그래서 시험을 치고 점수도 받아 졸업도 하지만 법칙은 깨뜨렸습니다. 배운 것이 없기 때문입니다. 지금 기억하고 있는 것도 없습니다. 순간을 모면하려고 선수를 쳤을 뿐입니다. 그러나 자연적 법칙은 이렇게 되지 않습니다.

"이해가 안 돼요!"

제가 예전에 가르치던 성경공부 모임이 있었는데 그중 한 남자는 아마도 그 지역에서 가장 악질 죄인에 속했을 것입니다. 온갖 죄를 다 저질렀지요. 그러다가 기적적으로 거듭나서 성령세례도 받았습니다. 이전에 마귀를 섬겼던 그 정성으로 완전히 돌아서서 온 마음을 다해 하나님을 섬겼습니다. 그 지역의 모든 사람들이 이 사람에게 어떤 일이 일어났는지 다 알았습니다. 우체국, 시장, 주유소, 어딜 가든 사람들은 그의 변화를 알아차렸습니다. 그런 이유로 그는 간증할 기회가 많아졌습니다. 그는 모든 사람에게 주님에 대해 얘기하게 되었습니다. 또 자기 집을 오픈하여 나를 초대해서 사람들에게 말씀을 가르치게 했습니다. 60, 70명의 사람들이 이 사람의 변화를 보기 위해 그 성경공부 모임에 오곤 했습니다.

이렇듯 이 형제의 열심은 엄청났지만 말씀의 지식이 부족해서 심각한 실수를 하고 말았습니다. 그는 교회에서 봉사하는 것 외에도 여기저기 간증을 하러 다녔습니다. 농부였던 그는 이로 인한 바쁜 일정 탓에 원래 하던 대로 파종 때에 파종을 하지 못했습니다. 그가 가진 땅은 너무 넓어서 구역을 나누어야 할 정도였습니다. 한 구역이 80만 평이었습니다. 그런데 주님을 위해 간증하러 다니느라 시간이 없어서 밀을 심지 못한 것입니다. 주님을 사랑하는 그의 열정과 중심이 신실했기 때문에 이 남자는 하나님께서 초자연적으로 그를 축복하실 것이라 믿었고 비록 씨를 심지 않았지만 밀을 수확할 수 있을 것이라고 믿었습니다.

마침내 밀을 수확할 때가 되어 한 3주 정도면 모두가 단을 거둘 때가 되었습니다. 모든 사람들의 밀이 다 자라 황금색으로 변하여 수확할 때가 된 것입니다. 그때가 되자 이 남자가 50만 달러(한화 약 5억 3천만 원)를 빌려 밀 씨를 샀습니다. (금액을 보면 그 사람 땅이 얼마나 넓었는지 아실 겁니다!) 그는 50만 달러가 넘는 씨를 추수 때를 코앞에 두고서 뿌려 댔습니다. 그는 자기가 '하나님의 일'을 하고 있었기 때문에 하나님께서 초자연적인 수확을 할 수 있게 해 주실 것이라고 생각했습니다. 물론 그런 일은 일어나지 않았지요. 밀이 자라지 않아 수확할 수 없게 되자 그는 그 돈을 다 잃게 되어 파산할 지경이 되었습니다. 그리고 저에게 기도를 부탁하러 왔습니다. 그는 화를 내며 말했습니다. "하나님이 저에게 왜 수확할 것을 주지 않으셨는지 이해할 수 없어요!"

저는 이렇게 말했습니다. "하나님의 나라는 그렇게 역사하지 않아요. 파종 때에 씨를 심어야 하고 그 후에는 성장하고 자랄 시간을 주어야 합니다. 자연의 법칙이 그래요."

그가 반격했습니다. "그렇게 되는 걸 누가 몰라요? 제가 수년간 해 오던 일인데. 그렇지만 제가 영적인 일을 하고 있었으니 뭔가 달라야 하는 거 아닙니까?"

배워서 거기에 맞추기

이 남자는 사실 많은 사람들이 머릿속으로만 생각하는 바를 말로 표현했을 뿐입니다. 자연적인 영역에서는 이 물리적, 자연적 법칙에 지배를 받는다는 것과 원하는 결과를 얻기 위해서는 그 전에 해야 할 일이 있다는 것을 사람들은 압니다. 그러나 영적인 영역에서는 진심으로 원하거나, 다급한 상황이거나, 간절히 원하기만 하면 어떤 준비 없이도 원하는 결과를 기대해도 된다고 생각합니다.

씨 뿌리는 자의 비유는, 씨가 심어져야 싹을 틔울 수 있듯이 영적인 영역에도 법칙이 있음을 보여줍니다. 그 법칙 중 하나가 바로 하나님의 말씀이 씨라는 사실입니다. 당신의 삶에 원하는 결과를 얻고자 한다면 반드시 하나님의 말씀을 당신의 마음에 심어야 합니다. 당신의 결혼생활, 인간관계, 재정, 건강, 감정, 그 어떤 영역이든 그곳에 하나님 나라의 열매를 원한다면, 그 영역에 대해 약속하는 하나님 말씀인 씨를 취해 당신의 삶에 심어야 합니다. 이 씨에 적절한 영양을 공급하고 비유에 나오는 대로 씨를 잘 돌본다면, 반드시 당신이 원하는 열매를 거두게 될 것입니다. 이 이치는 너무 단순해서 누가 오해하도록 도와주지 않으면 오해할 수도 없습니다.

그럼에도 불구하고 대부분의 사람들이 이 단계를 밟지 않습니다. 그들은 위기상황에 처할 때까지 아무것도 하지 않고 있다가 위기에 빠지면 그제서야 하나님께서 기적적으로 건져주시길 기도합니다. 만약 자신들이 원하는 바로 그 결과를 얻지 못하면 상처받고, 삐치고, 불신에 빠집니다. 제가 너무 직설적으로 말하는 점을 용서하십시오. 그러나 추수하기 일주일 전에 파종하여 자연법칙에 실패한 그 농부가 멍청하듯, 말씀은 심지도 않고 열매가 없다고 하나님께 화를 내는 것도 너무나 멍청한 짓입니다.

자연법칙에는 문제가 없습니다. 당신이 거기에 맞춰야 하는 것입니다. 영적인 법칙에도 문제가 없습니다. 당신이 그것을 배워서 거기에 맞춰야 합니다.

저의 삶에 열매를 원하면 저도 하나님의 말씀으로 가야만 합니다. 제가 원하는 것을 약속하고 있는 씨를 취해 그 말씀을 묵상해야 합니다. 그러다 보면 제가 원하던 것들이 이루어져 추수를 하게 됩니다. 그것이 바로 이 씨 뿌리는 자의 비유가 가르쳐 주는 진리입니다.

> 하나님의 말씀은
> 원하는 결과를
> 열매 맺게 하는
> 씨입니다.

12장

이해

열매를 생산하는 것은 땅이 아니라 씨입니다. 원하는 결과를 가져오는 것도 말씀입니다. 이것은 씨 뿌리는 자의 비유를 통해 하나님께서 저에게 알려주셨던 첫 번째 진리입니다.

물론, 땅도 하는 역할이 있습니다. 씨가 가진 잠재력을 100% 발휘하게 하는 것도 땅이며 하나님의 말씀인 씨가 역사하는 것을 방해하거나, 기운을 막거나, 아예 역사하지 못하게 막아버리는 것도 땅입니다. 그럼에도 불구하고 열매를 생산하는 것은 땅이 아니라 여전히 씨입니다.

흙

우리가 그 땅입니다. 하나님의 말씀이 온전히 지배하도록 내어 드리는 것도 우리의 마음이 하는 일이고 세상의 염려와 재물의 유혹과 기타 욕심으로 그 말씀의 기운을 막는 것도 우리 마음이 하는 일입니다. 우리 마음이 하나님을 향해 굳어져서 그분의 말씀인 씨가 싹을 틔울 자리를 내어주지 않는 것입니다. 이렇듯 우리 마음이 성장에 영향을 미칠 수는 있지만 열매를 생산하는 것은 하나님의 말씀인 씨입니다. 나는 흙으로 만들어진 땅일 뿐입니다(창 2:7). 나는 씨가 싹을 틔울 자리인 흙일 뿐입니다. 내가 따뜻한 온기와 영양분을 제공하지만 그래도 열매를 생산하는 것은 바로 말씀입니다.

저는 다른 사람들이 가진 학벌, 재능, 매력적인 성격, 뛰어난 외모를 가지진 못했지만 제가 아닌 하나님의 말씀이 저의 삶을 변화시키고 저의 사역을 통해 다른 사람들의 삶도 변화시킬 것입니다. 하나님께서 이 비유를 통해 이 진리를 저에게 열어 보여 주셨고 오늘날까지 이것은 저에게 계속적으로 영향을 미치고 있습니다. 그래서 제가 나오는 라디오 방송과 텔레비전 방송이 그런 식으로 구성되어 있는 것입니다. 방송이 시작되고 10초간 저와 제 아내가 아름다운 나무 사이를 지나가는 장면이 나오고 "복음진리Gospel Truth에 오신 것을 환영합니다"라는 나레이션이 나옵니다. 그 뒤 10초에서 20초 내에 제가 그날의 주제를 소개합니다. 그리고 30초 내에 당신은 말씀을 듣게 됩니다. 계속해서 저는 말씀에 대해 말하고 성경구절을 인용하며 하나님의 말씀이 말하시는 바를 가르칩니다. 제가 이런 식으로 방송을 하는 것은, 주님께서 제게 세상을 변화시키는 것은 저나 저의 외모나 그 외에 인간적인 것들이 아니라는 것을 계시해 주셨기 때문입니다. 사람들의 삶을 변화시키는 것은 바로 하나님의 말씀입니다.

저의 뉴스레터, 강의안, 책도 마찬가지입니다. 제가 발행하는 모든 것은 하나님의 말씀으로 가득합니다. 저를 찌르면 말씀이 나옵니다. 제 삶의 모든 것은 하나님의 말씀을 중심으로 형성되어 있고 그 말씀은 계속해서 열매를 생산해 내고 있습니다.

이 비유가 가르치는 것이 바로 이러한 자세입니다. 당신이 효과적으로 변화되기 위해서는 하나님의 말씀이 당신의 마음에 심어져야 합니다. 씨를 땅에 심으면 당연히 자라는 것처럼 당신이 이 비유를 실천하기만 한다면 변화란 너무나 당연하고 자연스러운 것이라는 사실을 발견하게 될 것입니다. 하나님의 말씀을 취해 그것을 밤낮으로 묵상하면 말씀이 당신을 변화시킬 것입니다. 그 말씀이 당신의 삶을 바꿔 놓을 것입니다.

마음

씨가 심긴 네 가지 종류의 땅은 각각 다른 사람들의 마음을 나타냅니다. 하나님의 말씀은 당신의 마음에 심어져야만 합니다. 땅은 당신의 마음을 나타냅니다. 이 네 가지 종류의 땅 중에 하나의 땅만이 열매를 생산해 냈습니다.

사실상 대부분의 교회에서 25%의 사람들이 교회가 돌아가는 데 필요한 모든 헌금과 모든 봉사를 도맡아 하는 것으로 추정됩니다. 나머지 75%는 그냥 와서 구경하고 섬김만 받을 뿐 실제로 하나님의 나라에서 역할이 없는 사람들입니다. 이 조사 결과는 이 비유가 가르치는 것과 직접적으로 연관이 있습니다. 오직 네 가지 종류의 사람들 중 한 부류만이 그 마음에 말씀을 심어 실제로 열매를 생산해 냅니다.

우리 바이블 칼리지에서도 같은 현상을 목격합니다. 대략 25%의 사람들만 하나님의 말씀을 진정으로 받아 마음에 심고 후에 돌아가서 자신들의 세상을 그 말씀으로 변화시킵니다. 물론 더 많은 사람들이 졸업하고 돌아가서 어느 정도 세상에 영향을 미치기는 합니다만 학생들의 25%만이 캐리스 바이블 칼리지 Charis Bible College에서 받은 가르침과 자신들의 실제 경험을 가지고서 자신의 삶을 먼저 변화시키고 나가서 다른 사람들의 삶 역시 하나님의 말씀으로 변화시킵니다. 아마도 어느 단체나 마찬가지일 것이라고 감히 말씀드립니다. 25%의 사람들만이 진정으로 함께 짐을 지고 일을 합니다.

심어진 씨 중에서 오직 25%만이 열매를 맺지만 그럼에도 불구하고 문제는 씨가 아닙니다.

썩지 아니할 씨

하나님의 말씀은 썩지 아니할 씨입니다.

> 너희가 거듭난 것은 썩어질 씨로 된 것이 아니요 썩지 아니할 씨로 된 것이니 살아 있고 항상 있는 하나님의 말씀으로 되었느니라
> 벧전 1:23

실제로 씨를 심다보면 불량 씨도 나옵니다. 씨가 오염되거나 썩은 것이지요. 무슨 이유든, 그 씨는 생명을 잃었습니다. 자연적인 영역에서는 씨를 심었지만 원하는 결과를 얻지 못하는 경우도 있습니다. 씨가 안 좋았기 때문입니다. 그러나 영적인 영역의 씨는 하나님의 말씀이고 이 씨는 썩지 않는 씨입니다.

하나님의 말씀은 누구에게나 역사합니다. 씨가 네 가지 땅의 경우에서 각각 달리 역사한 것이 아닙니다. 문제는 땅입니다. 이 사실은 매우 매우 중요합니다. 저는 가끔 사람들로부터 이런 말을 듣습니다. "저도 말씀을 취해 묵상을 했습니다. 말씀을 선포하기도 했지만 저에게는 역사하지 않았어요." 그들이 하는 말은 씨가 썩어서 모든 사람들에게 동일하게 역사하지 않는다는 말입니다. 하지만 이 씨 뿌리는 자의 비유는 그 반대라고 가르쳐 줍니다.

하나님의 말씀은 썩지 않는 씨입니다. 실패하는 이유는 절대

말씀 때문이 아닙니다. 말씀이 역사하지 않는 이유는 사람들 때문입니다. 말씀의 잠재력이 100% 발휘되지 못하게 하는 것은 사람들의 마음입니다. 이 비유를 보면서 우리의 삶에서 하나님의 말씀을 막고 있는 것들을 계속해서 살펴 볼 것입니다. 그러나 지금 당장 이 진리를 취하여서 마음에 새기고 흔들리지 말아야 합니다. 이것은 타협할 수 있는 부분이 아닙니다. 이 진리를 의심하지 마십시오. 하나님의 말씀은 썩지 않는다는 것이 실제적인 사실입니다. 말씀은 항상 역사합니다. 그 말씀을 이해하고 적용하는 과정에서 우리가 실패할 수는 있지만 하나님의 말씀은 절대 실패하지 않습니다. 우리가 말씀대로 행하는 데에 실패할 수는 있지만 하나님의 말씀은 절대 실패하지 않습니다.

즉시

제가 그리스도인의 삶을 막 시작하던 젊은 시절에 이 말씀은 제 마음속에서 살아나서 저의 믿음에 불을 붙였습니다. 이 비유를 묵상할수록 하나님의 말씀이 내 삶을 변화시킬 것을 알았고 온 마음을 다해 이 말씀을 믿었습니다. 저는 하나님의 말씀을 취해 묵상만 하면 되고 그 나머지 일은 말씀이 하십니다. 왜냐하면 저는 이 말씀이 썩지 아니할 씨라는 것을 믿기 때문입니다. 이를 통해 저의 삶은 완전히 바뀌었습니다. 재정에 있어서도 저는 완전히 다른 사람이 되었습니다. 저의 육신의 몸도 완전히 건강하며, 제가 묵상했던 말씀으로 인해 다른 사람들이 기적적으로 치유받은 경우도 많았습니다. 감정의 영역에서도 하나님의 말씀으로 인해 저는 완전히 다른 사람이 되었습니다. 말씀이 저의 인간관계도 바꾸어 놓았습니다. 하나님께서 제 삶에 하신 일들은 다 그분의 말씀을 통해 하셨음을 알 수 있습니다. 그것은 매우 능력 있는 것이며 그것이 바로 이 비유가 가르쳐주는 바입니다.

주님은 마가복음 4장 15절에서 첫 번째 종류의 땅을 설명하십니다.

> 말씀이 길 가에 뿌려졌다는 것은 이들을 가리킴이니 곧 말씀을 들었을 때에 사탄이 즉시 와서 그들에게 뿌려진 말씀을 빼앗는 것이요

말씀이 이러한 종류의 땅에 심어지면 즉시 마귀가 와서 그 마음에 심어진 씨를 앗아갑니다.

어떤 사람들은 하나님 말씀이 씨이고 그들이 말씀을 취해 그들의 마음에 심기만 하면 기적적인 결과를 볼 수 있다는 말을 들을 때, "그렇구나! 하나님의 말씀을 취하기만 하면 내 모든 문제는 사라지겠구나."라고 생각합니다. 그렇지 않습니다. 정확하게 말하자면 당신이 일단 말씀을 취해 그 말씀에 자신을 드리고 묵상하며 직접 하나님의 말씀을 알아 가면, 사실 그때 비로소

모든 문제가 시작됩니다. 제 말이 듣기 싫으시겠지만 이것이 진실입니다.

사단은 당신 개인을 공격하지 않습니다. 당신만으로는 아무것도 아니란 것을 알기 때문입니다. 당신 혼자서는 사단에게나 그 어느 누구에게도 위협적이지 않습니다. 자기 스스로를 어떻게 생각하든지, 가진 것이 무엇이든지 간에 주님과 그분의 말씀이 없이 당신은 이 세상을 변화시킬 수 없으며 하나님의 나라에 큰 영향을 미칠 수 없습니다. 그러나 일단 하나님의 말씀이 당신 안에 뿌리내리기 시작하여 성장하고 열매를 맺기 시작하면, 그때 마귀도 일하기 시작합니다. 사단은 말씀에 경악합니다. 그는 즉시 하나님의 말씀을 공격할 것이며 당신의 마음에서 말씀을 앗아가려고 올 것입니다.

싸움 없이는 안 됩니다

이렇게 말하고 싶은 유혹을 받고 계실 지도 모르겠습니다. "뭐, 그게 사실이라면 하나님 말씀을 보지 말아야지. 마귀의 표적이 되고 싶진 않아." 당신이 패배할 것이라는 말이 아닙니다. 저는 승리하고 있습니다. 다만, 싸우지 않고는 승리할 수 없다는 말입니다. 하나님 말씀에 굳게 서기로 결심하고 나면, 즉 말씀이 당신의 삶에 최우선이라고 결정하고 나면 당신의 모든 문제가 사라질 것이라는 미혹에 빠지지 마십시오. 오히려 문제가 막 시작된 것입니다. 그러나 하나님의 말씀에 계속해서 굳게 서 있다면 당신은 승리할 것입니다. 당신이 승리자가 됩니다만 싸우지 않고는 안 됩니다(딤전 6:12, 히 10:32).

마태복음 13장 18-19절입니다.

> 그런즉 씨 뿌리는 비유를 들으라 아무나 천국 말씀을 듣고 깨닫지 못할 때는 악한 자가 와서 그 마음에 뿌려진 것을 빼앗나니 이는 곧 길 가에 뿌려진 자요

마태는 이 비유를 마가와 조금 다르게 표현했습니다. 길가는 사람들이 많이 다니는 곳을 말합니다. 즉 흙이 눌려서 단단해진 것이지요. 씨는 땅속으로 들어가서 싹을 틔우고 뿌리를 내리지 못하고 땅 표면에 떨어집니다. 새가 곧 와서 딱딱한 땅 위에 떨어진 씨를 먹어버리듯, 하나님의 말씀을 마음으로 받지 못하는 사람들에게는 사단이 즉시 와서 말씀을 앗아 갑니다. 말씀이 사람의 마음을 뚫고 들어가 자리 잡지 못한다면 마귀가 즉시 와서 말씀을 훔쳐 간다는 말씀입니다. 이 길가는 네 가지 종류의 땅 중에 사단에게 직접 문이 열려있는 부류입니다. 이렇게 첫 번째 종류의 사람에게서는 마귀가 바로 말씀을 앗아갈 수 있습니다.

19절을 봅시다.

아무나 천국 말씀을 듣고 깨닫지 못할 때는 악한 자가 와서 그 마음에 뿌려진 것을 빼앗나니 이는 곧 길 가에 뿌려진 자요

깨닫는 것이 이 씨를 마음속으로 들어가게 합니다. 말씀을 깨닫는 것이 말씀으로 하여금 마음을 뚫고 들어가게 합니다. 말씀이 당신의 삶으로 들어가게 하는 문은 바로 깨닫는 것입니다. 깨닫지 못한다면 말씀은 싹을 틔울 수 없습니다. 그래서 하나님의 말씀은 이해하기 쉽게 설명되어야 합니다.

문

어떤 사람들은 하나님의 말씀을 얼마나 어렵게 가르치려고 하는지 정말 놀랍습니다. 히브리어, 헬라어를 깊이 연구하며 자세한 내용 하나하나를 전달하는 것이 설교에 도움이 된다고 생각하는 설교자들도 있습니다. 물론 원어를 설명해야 하는 경우가 있습니다. 저도 때때로 원어를 설명합니다. 그러나 어떤 설교자들은 하나님의 말씀을 너무 복잡하게 만들어서 평범한 사람들은 이해할 수도 없게 만들었습니다.

예수님은 그렇게 하지 않으셨습니다. 지금 우리가 보고 있는 이 비유도 모든 사람이 이해하기 쉽게 설명하고 계십니다. 그 당시는 농업사회였기 때문에 모든 사람들이 씨를 심어 보았습니다.

예수님은 이렇게 아주 간단한 원리를 취하셔서 사람들이 이해하기 쉽게 말씀을 가르치셨습니다.

그런데도 어떤 사람들은 아무도 이해할 수 없는 언어를 사용하는 것이 자신들의 지성을 나타내 보이는 것이라고 생각합니다. 사전을 찾아봐야 이해할 수 있는 언어를 쓰거나 하나님께서 해석해 주지 않으시면 이해할 수 없는 설교를 합니다. 어떤 사람들은 그렇게 하는 것이 대단한 사역이라고 생각합니다. 저는 그 반대라고 생각합니다. 무언가를 정확하게 이해하고 나면 누구나 이해할 수 있도록 쉽게 설명할 수 있습니다.

제가 아직은 그렇지 못할 수도 있지만 그렇게 되려고 노력합니다. 많은 사람들이 제가 하나님의 말씀을 너무 단순하게 설명해서 이해하기 쉽다고 말합니다. 그들 역시 이해하기 너무 어렵게 설교하는 분들에 대해 언급합니다. 우리는 하나님의 말씀을 사람들이 이해할 수 있는 방법으로 소개해야 합니다.

이해하는 것이 바로 말씀을 마음에 들어오게 하는 문이기 때문입니다. 당신이 이해하지 못하면 그 말씀은 즉시 빼앗깁니다. 사단이 와서 가져갈 것입니다. 사단이 아무런 노력 없이 바로 말씀을 앗아갈 수 있는 대상은 이해하지 못하는 사람들입니다. 그 말씀을 받기 위해서는 반드시 먼저 이해해야 합니다.

양식을 소화하기

하나님의 말씀을 맡은 자로서 사도 바울도 이것을 알고 있었습니다.

> 약한 자들에게 내가 약한 자와 같이 된 것은 약한 자들을 얻고자 함이요 내가 여러 사람에게 여러 모습이 된 것은 아무쪼록 몇 사람이라도 구원하고자 함이니 고전 9:22

제가 다른 나라 문화에서 사역할 때면 저도 바울이 말하는 대로 하려고 노력합니다. 저는 유럽 전역과 중앙아메리카, 아프리카의 몇몇 나라들과 아시아에서 사역한 경험이 있는데 문화가 다른 곳으로 가면 그 상황에 맞는 예화를 들려고 노력합니다. 저는 사람들이 이해할 수만 있다면 무엇이든 합니다.

말씀을 이해하지 못하는 것은 마치 음식을 입에 가득 물고는 씹지도, 삼키지도 못하는 상태와 같습니다. 음식은 입안에 머물러 안으로 들어가지 못하며 소화되지 못합니다. 그 음식이 내려가지 못하면 음식을 입에 물고도 굶어 죽을 수 있습니다.

하나님의 말씀을 듣고도 이해하지 못하는 사람이 얼마나 많은지요. 성경말씀을 듣지만 도무지 무슨 뜻인지 모릅니다. 내면에 영적인 이해가 없습니다. 그래서 말씀이 그 안에 있는 생명을 풀어 놓지 못하고 영양분을 공급하지 못하는 것입니다.

> 지혜가 제일이니 지혜를 얻으라 네가 얻은 모든 것을 가지고 명철을 얻을지니라   잠 4:7

정확한 정보도 알아야 하지만 그것을 당신의 삶에 적용하여 실천할 수 있도록 충분히 이해하는 것 또한 필요합니다.

빼앗아 가는 사단

많은 사람들이 놓치는 것이 바로 이것입니다. 당신도 혹시 누군가의 설교를 들을 때는 좋다고 생각했으나 30분에서 1시간 정도 후에는 들은 내용을 다른 사람에게 설명할 수가 없습니까? 그렇다면 그 설교에서 아무 유익도 얻지 못한 것입니다. 둘 중에 하나입니다. 설교자가 제대로 설명하지 못했거나, 당신에게 충분한 이해가 없어서 그 진리를 취하여 삶에 적용하지 못한 것입니다. 교회 문을 나서면서 사단에게 그 말씀을 빼앗긴 것입니다. 별로 좋은 상황은 아니지요.

당신의 삶 속에서 하나님의 말씀을 이해하는 상태에 이르러야 합니다. 성경을 가볍게 읽거나 누군가의 설교를 듣는다고 이해가 생기지는 않습니다. 말씀에 집중을 해야만 합니다.

한 달 전쯤, 채플 시간에 이 내용을 우리 단체 직원들과 나누게 되었습니다. 저는 하나님의 말씀이 얼마나 중요한지 강조하고 있었습니다. 그랬더니 몇몇 사람들이 성경읽기 프로그램이 있었으면 좋겠다고 했습니다. 그래서 지금 우리 단체 직원들은 성경 읽기 프로그램을 따라 성경을 읽고 있습니다. 지난주에는 출애굽기 30장 부근을 읽게 되었습니다. 내용은 제사장의 옷과 성막이 지어지는 방법, 색상, 또 이런저런 것에 관한 부분이었는데 대부분의 사람들이 흥미롭지 않다고 여기는 부분이었습니다. 제가 이 부분을 읽으면서 본문이 직원들에게 별로 흥미로워 보이지 않았기 때문에 이렇게 생각했습니다. '우리 직원들이 이 부분을 읽으면서 얼마나 지루해 할까. 생각 없이 그냥 읽고 있을 거야. 아마도 이해를 못하고 있겠지.' 우리가 말씀을 이해하지 못할 때 사단이 바로 와서 우리에게서 진리를 앗아갑니다.

모든 성경이 유익함

제가 이 부분을 읽고 있었을 때 출애굽기 30장 12절이 눈에 들어왔습니다.

> 네가 이스라엘 자손의 수효를 조사할 때에 조사 받은 각 사람은 그들을 계수할 때에 자기의 생명의 속전을 여호와께 드릴지니 이는 그것을 계수할 때에 그들 중에 질병이 없게 하려 함이라

이 구절이 중요하지 않게 보일지도 모르지만 성경에 중요하지 않은 구절은 없습니다. 디모데후서 3장 16절입니다.

모든 성경은 하나님의 감동으로 된 것으로 교훈과 책망과
바르게 함과 의로 교육하기에 유익하니

모든 성경이 우리에게 유익합니다. 잠시 성경 읽는 속도를 늦추고, 아니면 아예 멈춰서 읽고 있는 부분에 대해 생각해 보기만 하면 됩니다.

제가 출애굽기 30장 12절을 읽고 있을 때, 이것이 바로 사무엘하 24장과 역대상 21장의 열쇠가 된다는 것을 알았습니다. 다윗이 백성을 계수할 때 출애굽기 30장 12절 말씀의 명령을 따르지 않았기 때문에 하나님으로부터 재앙이 임한 것입니다. 출애굽기 30장 12절의 진리를 이해하지 못하고 사무엘하 24장과 역대상 21장을 읽는다면, "하나님, 왜 백성들에게 재앙을 내리셨나요?" 하고 의아해 하거나 "하나님은 정말 이해하기 힘든 분이야."라고 결론을 내릴 것입니다. 그 이유는 당신이 말씀을 취해 그것이 이해될 때까지 묵상하지 않았기 때문입니다.

당신이 성경을 읽는다고는 해도 그 순간에 참으로 관심이 있는 것이 말씀이 아니기 때문에 한 귀로 듣고 한 귀로 흘리는 것입니다. 그러면 사단이 와서 말씀의 유익을 앗아갈 것입니다. 반대로 이렇게 믿음의 선포를 할 수도 있습니다. "모든 성경은

교훈doctrine;교리과 책망에 유익하다! 이 구절에 내가 배울 것이 반드시 있을 거야." 말씀을 취해 마음을 열고 묵상하면 이해할 수 있습니다. 이렇게 퍼즐 조각이 맞으면 사단은 그것을 앗아갈 수 없습니다.

  영적인 이해는 각 조각을 연결할 수 있게 해 줍니다. 정보의 조각들이 따로따로 떨어져 있는 것이 아니라 그것을 연결해서 이해할 수 있게 되면 그 진리가 당신의 삶에 역사하기 시작합니다. 이해는 내면으로부터 옵니다. 당신의 영으로부터 나옵니다. 하나님의 영이 그 말씀에 생명을 불어넣어 우리에게 주십니다.

  이 원리는 모든 세대에게 진리입니다. 예를 들어 어린이 사역을 생각해 봅시다. 진리는 진리입니다. 아이들에게 가르친다고 어른들에게 가르치는 것과 다른 내용을 가르치는 것은 아니지만 그들이 이해할 수 있는 수준으로 접근해야 합니다. 가장 놀라운 진리를 가르친들 아이들이 당신이 하는 말을 이해하지 못하면 사단이 즉시 와서 그 진리를 앗아갑니다. 모든 세대의 모든 사람들에게 이 이해가 얼마나 중요한지는 아무리 강조해도 지나치지 않습니다.

13장

뿌리를 내리고 세워져 가기

제가 처음 사역을 시작했을 때는 모든 것이 저에게 달렸다고 생각했었습니다. 제가 말씀을 잘 전달하면 저의 말씀 사역 아래서 배운 사람들은 모두 완전히 변화되리라 생각했었습니다. 그래서 엄청난 시간을 주님을 구하는 데 보냈고 제가 진리를 정확하게 이해했는지, 그 진리를 분명하게 전달하는지, 전달하는 데에 기름부음이 있는지 확인하고 또 확인했습니다.

1970년대 후반에는 매주 세 개의 주(오클라호마, 뉴멕시코, 콜로라도)를 다니며 여섯 개의 성경공부를 인도했습니다. 이 성경공부에서 저는 똑같은 진리를 가르쳤으며 사람들이 같은 속도로 영적성장을 하게끔 노력했습니다. 제 마음을 쏟아부으며 가르쳤고 불치병을 앓던 한 사람이 말씀을 받아들여 완전히 치유되고 자유케 되는 것도 보았습니다. 그러나 같은 성경공부 시간에 그 사람 바로 옆에 앉은 사람은 매번 졸았는데 그 시간에 하나도 배워가는 것이 없었습니다. 한 사람은 심심해 죽을 지경인 것 같아 보일 때 그 옆에 앉은 사람은 말씀을 깨달아 삶이 변화되곤 했습니다.

한참이 지나서야 이렇게 가지각색의 결과를 가져오는 원인이 제가 아니라는 것을 알게 되었습니다. 이 사람들은 같은 자리에 와서 같은 말씀을 들었습니다. 제가 전한 말씀은 동일했지만 한 사람이 변화될 때 그 옆 사람은 졸고 앉아 있던 것입니다. 한 사람이 치유될 때 그 옆 사람은 심심해 죽을 지경이었고요. 어떻게 같은 말씀을 들으면서 이런 다양한 일들이 일어날 수 있는 것일까요? 그러다가 저는 제가 전달하는 말씀이 문제가 아니라 사람들 마음의 상태가 차이를 만들어 낸다는 것을 알게 되었습니다.

저는 예수님께서 묘사하시는 첫 번째 경우의 사람을 직접 경험한 적이 있습니다. 저로서는 마음을 다 쏟아부으며 설교를 했는데 이 사람에게는 하나님의 말씀이 한 귀로 들어가서 한 귀로 나왔습니다. 말씀을 이해하고자 하는 마음이 전혀 없는 사람이었습니다. 그 뒤로 그것을 제 문제로 받아들이지 않기로 했습니다. 제가 말하는 방식에 문제가 있는 것이 아니라 사람들이 듣는 방식에 문제가 있는 것이었습니다.

무엇에 집중하십니까?

당신도 "나는 교회 설교에서 배우는 게 하나도 없어."라고 생각하십니까? 어쩌면 그것은 말씀을 전하는 사람의 잘못이 아닐 수도 있습니다. 당신의 듣는 방식이 문제일 수 있고 또는 아예 안 듣는 것이 문제일 수도 있겠지요. 당신이 마음을 열어 진정으로 진리를 알고자 하느냐가 관건입니다.

> 의에 주리고 목마른 자는 복이 있나니 그들이 배부를 것임이요　　　　　　　　　　　　　　　　　　　　　　　마 5:6

이것이 하나님의 말씀을 향한 당신의 태도와 같습니까?

> 금 곧 많은 순금보다 더 사모할 것이며 꿀과 송이꿀보다 더 달도다　　　　　　　　　　　　　　　　　　　　시 19:10

당신이 음식을 원하는 것보다, 부를 소망하는 것보다 진정으로 하나님 말씀의 진리를 더욱 알고자 한다면 반드시 알게 될 것입니다. 문제는 우리 대부분이 말씀을 가끔가다 한 번씩만 원한다는 것입니다. 일주일에 한 번, 또는 한 달에 한 번 5분에서 10분 정도 진리를 깨닫기 원하는 아주 작은 열정이 생겨서 좀 더 영적으로 살고 싶다가도 이내 분주한 일들로 정신을 빼앗겨 그나마 그 열정도 사라집니다. 이것이 당신의 모습이라면 당신은 절대 깨달음을 얻지 못할 것입니다. 당신의 마음 상태는 하나님이 결정하시는 것이 아닙니다. 당신이 결정합니다.

결론적으로 말하면, '무엇에 집중하는가?' 하는 것입니다.

당신이 주님께 집중하였고 그분을 찾기에 갈급하다면 당신은 만족을 얻게 될 것입니다(마 5:6). 그러나 당신이 이 비유에서 묘사된 첫 번째 종류의 사람이라면 하나님은 당신에게 아무런 의미가 없습니다. 말씀을 듣긴 해도 그것에 대해 생각해 보기도 전에 다 사라져 버립니다. 하나님의 말씀을 붙잡을 수 없는 것입니다. 하나님의 음성이 잘 안 들리니 하나님께 더 크게 말씀해 달라고 기도할 때가 아닙니다. 당신의 마음을 바꿔서 주님께 집중할 때입니다.

점진적인 성장

마가복음 4장 16-17절에서 예수님은 하나님의 말씀을 듣는 두 번째 종류의 사람에 대해 말씀하십니다.

> 또 이와 같이 돌밭에 뿌려졌다는 것은 이들을 가리킴이니 곧 말씀을 들을 때에 즉시 기쁨으로 받으나 그 속에 뿌리가 없어 잠깐 견디다가 말씀으로 인하여 환난이나 박해가 일어나는 때에는 곧 넘어지는 자요

자, 하나님의 말씀을 들은 두 번째 종류의 사람에 대해 얘기하기 전에 이 말씀부터 드리겠습니다. 이 비유도 온전함으로 나아

가는 점진적인 단계를 묘사하고 있습니다. 주님은 사람 마음의 각각 다른 네 가지의 상태를 묘사하면서 하나님의 말씀이 이 마음들과 어떻게 관계하여 열매를 맺는지 또는 맺지 않는지 설명하십니다. 저는 이 네 가지 땅의 비유를 통해 주님께서 온전함으로 가는 네 가지 단계를 설명하신 것이라고 믿습니다.

첫 번째로 하나님의 말씀을 듣지만 마음이 그 말씀에 집중하지 못하는 단계를 거칩니다. 하나님을 추구하지 않는 단계입니다. 말씀이 한 귀로 들어가서 한 귀로 나옵니다. 그것이 첫 번째 종류의 사람입니다.

두 번째 종류의 사람은 말씀에 반응하지만 그 속에 뿌리가 없습니다. 결과적으로 열매를 맺지 못하기는 마찬가지입니다.

다른 사람에게 의지하여 사는 삶

세 번째 종류의 사람은 말씀에 반응하여 뿌리를 내립니다. 하나님의 말씀이 싹을 틔우기 시작하고 그 안에서 생명을 생산하려고 하는데 세상의 일들로 인해 방해를 받습니다.

> 세상의 염려와 재물의 유혹과 기타 욕심이 들어와 말씀을 막아 결실하지 못하게 되는 자요   막 4:19

네 번째 종류의 사람은 하나님의 말씀이 잘 자라도록 정성껏 돌보는 사람입니다. 말씀에 집중하여 세상의 일로 방해받지 않습니다. 그래서 풍성한 결실을 거둡니다.

> 좋은 땅에 뿌려졌다는 것은 곧 말씀을 듣고 받아 삼십 배나
> 육십 배나 백 배의 결실을 하는 자니라 　　　　　막 4:20

제 나이 여덟 살 때 진정으로 거듭나기는 했지만 그 이후에도 저는 아주 평범한 아이였습니다. 교회에서는 교회 친구들에게 집중했고 예배가 끝나면 뭘 할까 생각하며 하나님의 말씀은 별로 묵상하지 않았고 그 말씀이 저의 삶에 들어오게 하지도 않았습니다. 매일 성경을 읽기는 했지만 무슨 뜻인지는 알 수 없었습니다. 어느 정도는 이해했을 거라 생각합니다. 눈에 보이는 큰 변화는 없었지만 다른 사람들처럼 온갖 죄에 연루되거나 많은 문제에 시달리지는 않았기 때문에 말씀이 저에게 아무런 영향도 미치지 않았다는 말은 아닙니다. 그럼에도 불구하고 말씀이 저의 삶에 마땅히 미쳐야 할 만큼의 영향은 미치지 못했습니다. 비유에 나오는 첫 번째 종류의 사람처럼 말씀이 한 귀로 들어와서는 다른 한 귀로 빠져나갔습니다. 저는 말씀을 깨닫지 못했고 말씀은 저에게 영향을 미치지 못했습니다.

그리고는 1968년 3월 23일에 성령세례를 경험하고 나서 하나님의 말씀이 흥미진진해졌습니다. 당시의 저만큼 하나님의 말씀에

푹 빠졌던 사람을 보신 적이 없을 거라 생각될 정도로 말입니다. 그러나 그런 저에게도 말씀이 뿌리를 내리지 못하던 시절이 있었습니다. 그때 저는 저 개인의 깨달음이 아니라 다른 사람들이 받았던 계시, 즉 다른 사역자들이 하나님의 말씀에 대해 가르치는 내용에 의지하여 살았습니다. 저에게는 에너지가 넘쳤고 내면에서는 놀라운 일들이 일어나고 있었지만 제 삶을 통해 큰 열매가 맺히지는 않았습니다.

보여주기 위한 쇼

주께서 이 비유를 저에게 말씀해 주셨을 때 저는 이 두 번째 단계에 있었습니다. 제가 아내 제이미와 막 결혼을 했던 1972년 10월경이었습니다. 결혼식 전후로 주께서 이 씨 뿌리는 자의 비유를 저에게 깨닫게 해 주셔서 저의 삶에 계시로 만들어 주셨습니다.

> 또 이와 같이 돌밭에 뿌려졌다는 것은 이들을 가리킴이니 곧 말씀을 들을 때에 즉시 기쁨으로 받으나 막 4:16

저 역시 이 비유와 같았을 때가 있었습니다. 1968년 3월 23일의 경험을 하고 난 이후에 저는 주님과 사랑에 빠졌습니다. 하나님의 말씀은 제 삶에서 능력 있는 말씀이 되었습니다. 말씀으로 인해 너무도 기뻤습니다. 제가 성경을 열어 말씀을 읽을 때 하나님께서 저에게 직접 말씀하지 않으신 적이 없었습니다. 이렇게 말씀으로 인해 너무도 기뻤지만 동시에 답답하기도 했습니다. 제 마음속에 있는 잠재력을 보았고 하나님께서 제 삶을 통해 하고자 하시는 일이 무엇인지 알았지만 그런 것들이 현실로 나타나지 않았던 것입니다. 답답함과 함께 열매를 보지 못하고 있었기에 주께서 이 비유로 설명하신 두 번째 종류의 사람과 저를 연관시키게 되었습니다.

이 두 번째 종류의 사람은 하나님의 말씀을 기쁨으로 받지만 열매를 보지 못할 때 넘어집니다. 그 이후에 저는 많은 사람들이 이와 같이 깊이가 없고 얄팍하다는 것을 알게 되었습니다. 이런 사람들 중에 어떤 사람들은 겉으로 보기에 매우 떠들썩하지만 그 사람들의 삶은 밖으로 보이는 것뿐이지 내실이 없습니다. 삶에 깊이가 없는 것이지요. 왜 그런지 그 이유는 저도 다는 모르지만 사람들을 대하면서 알게 된 것입니다. 깊이가 없이 얄팍하기만 한 사람들이 있습니다. 이들은 겉으로 보여지는 것만 중요하게 여깁니다. 그들의 내면에는 깊이가 전혀 없습니다.

저의 집회에서도 하나님의 말씀에 떠들썩하게 반응하는 사람들을 봅니다. 그때 "와, 이 사람들 완전히 변화되었구나!"라고 생각하기 쉽지만 그렇지 않습니다. 어떤 사람들에게는 그런 표현이 보여주기 위한 것일뿐 알맹이는 하나도 없습니다. 단지 보여주기 위한 쇼일 뿐입니다. 그 사람들의 마음에는 진정한 헌신과 결단이 없습니다.

그래서 세월이 지나면서 저는 사람들이 말씀에 의해 분명하게 영향을 받는 모습을 볼 때 기뻐하게 되었습니다. 그런 사람들은 말씀을 생각하고 숙고할 시간을 가집니다. 물론 제가 말씀을 전할 때 너무 기뻐서 일어나 소리치고 자리에서 들썩거리는 사람들이 있습니다. 그것도 괜찮지만 저는 말씀을 들을 때 깊이 생각하고 숙고하는 사람들을 발견하는 것이 더 좋습니다. 이런 분들이 말씀에 완전히 자기 자신을 드리는 데는 시간이 좀 걸립니다. 그러나 처음에 말씀을 받자마자 엄청나게 기뻐하는 사람들은 그 말씀이 내면에 뿌리를 내리게 하지는 않습니다. 열매를 생산해 내려면 말씀이 뿌리를 내리는 시간이 반드시 있어야만 합니다.

두 개의 화초

제가 초등학교 6학년 때 선생님께서 실험을 위해 똑같은 유리병에 흙을 담고 같은 날 동시에 토마토 씨를 심었습니다. 선생님께서는 동일한 양의 햇빛을 받게 하려고 그 두 개의 유리병을 교실 내에 같은 장소에 두시고 물도 같은 날 동시에 주셨습니다. 그 둘이 유일하게 다른 점은 한 유리병에는 흙을 20cm 정도 담았고 다른 병에는 2cm만 담은 것이었습니다.

선생님께서 우리에게 문제를 내셨습니다. "어떤 씨가 잘 자랄까요? 어떤 씨가 열매를 맺을까요?" 놀랍게도 흙이 2cm뿐이었던 토마토 씨가 먼저 싹을 틔웠습니다. 또 다른 씨가 싹을 내기 전에 벌써 30cm 가량 자란 것입니다. 대강 보면, 흙이 적게 있는 곳의 식물이 더 잘 자라는 것처럼 보입니다. 그러나 흙이 얕으면 뿌리를 내릴 자리가 없기 때문에 가지고 있는 모든 에너지를 흙 위로 자라는 데에만 쏟습니다. 뿌리를 내릴 자리가 없어서 씨 안에 있는 모든 생명이 흙 위로 수직상승하는 것이지요. 처음에는 좋아 보입니다.

 이와 같이 많은 사람이 오직 겉으로 드러나는 모습만을 중요시합니다. 장기적인 결과는 중요하게 여기지 않습니다. 이런 사람들은 단기적으로 사고하는 사람들입니다. 치유에 대한 말씀을 하나 듣고는 "이제 알았어! 앞으로는 어떤 문제도 내겐 없겠군." 합니다. 아주 좋아하면서 떠들썩합니다. 그러나 아무리 기쁘고 흥분이 돼도 배운 진리를 취해 뿌리를 내리는 시간이 반드시 필요합니다.

 흙이 2cm 밖에 없었던 식물은 나머지 씨가 싹을 틔우기도 전에 벌써 30cm 가량 자랐습니다만 성장을 지탱할 만큼 충분히 뿌리를 내리지 못했기에 얼마 되지 않아서 시들어 버렸습니다. 성장을 지탱해 줄 뿌리가 없어서 죽어버린 것입니다.

 우리 눈으로 보기에는 더디게 성장했던 다른 토마토 씨는 온전한 식물로 성장했습니다. 후에 이 식물은 토마토를 많이 맺어서 받침대를 대 줘야만 했습니다.

시간이 흐르고, 흐르고, 흐르고, 흘러서

이 실험을 통해 저는 배운 것이 하나 있습니다. 씨는 먼저 땅 아래쪽으로 자라야 한다는 것입니다. 열매를 맺기 전에 먼저 뿌리를 내려야만 합니다.

영적인 영역에서 많은 사람들이 뿌리를 내리는 단계를 원치 않습니다. 하나님 말씀의 진리가 뿌리를 내려 자신들의 마음에 세워져 가도록 하지 않습니다. 이 모든 과정을 지나쳐 버리고 되도록 빨리 열매를 맺으려고만 합니다. 그래서 삶에 깊이가 없는 것입니다. 자신들이 받은 진리에 마음을 온전히 드리지 않습니다. 다른 사람들보다 빨리 성장하는 듯 보이지만 결국에는 성장을 지탱하지 못하고 맙니다. 그러다가 첫 번째로 온 보잘 것 없는 고난에도 시들어서 죽어버립니다. 그리고 말씀은 그들의 삶에서 열매를 맺지 못합니다.

참으로 열매를 맺고 하나님의 말씀이 역사하는 그런 삶을 살고 싶으십니까? 그것은 하루아침에 되는 일이 아닙니다. 기적은 전자렌지에 음식을 데우듯 생산되지 않습니다. 시간이 필요합니다. 파종하고 시간이 흘러 추수의 때가 오는 것입니다. 사실 파종하고 나서 시간이 그냥 흐르는 것이 아니라, 흐르고, 흐르고, 흐르고, 흘러서 추수하게 되지요. 어느 정도의 시간이 필요합니다.

당신의 내면에서 하나님 말씀이 뿌리의 상태로 있도록 놔두는 시간이 필요하다는 말입니다. 이 기간에 물러서면 안 됩니다. 더 놀라운 깨달음을 위해 연구하고 추구해야 합니다. 하나님 말씀의 표면적인 깨달음만 추구하지 마십시오. 그 구절을 다시 살펴보면서 하나님께 질문하십시오. "주님, 이 구절에서 알아야 하는 모든 것을 제가 깨달은 것일까요? 아니라면 더 알려주세요." 그 말씀이 당신 안에서 뿌리를 내리도록 해야 합니다.

뿌리를 내리지 않는 것이 아마도 사람들이 열매를 보지 못하는 가장 큰 이유일 것입니다. 시간을 들이지 않기 때문입니다.

많은 분들이 베드로전서 2장 24절의 "그가 채찍에 맞음으로 너희는 나음을 얻었나니"라는 말씀을 알고는 있습니다. 이 말씀을 생각해 보는 데 5분 정도 보내고서는 "이제 알았어. 나는 치유 되어야만 해!"라고 합니다. 아닙니다. 그 말씀을 묵상하고 또 묵상해야 합니다. 그 말씀이 당신의 내면에 뿌리를 내리고 세워져서 어떤 것도 그 진리를 뽑아가지 못하게 될 때까지 몇 날, 몇 주, 몇 달, 또는 몇 년이라도 그 진리에 집중하여 자기 삶에 적용하십시오.

뿌리의 깊이

제가 어렸을 때에 주택가에 살긴 했었지만 우리 집이 있었던 땅은 2천 평 정도로 매우 넓었습니다. 그곳에 우리는 스물세 개의 피칸 나무를 심어 길렀습니다. 매년 피칸이 열려 떨어졌고 밟히기도 했지만 다시 땅속으로 들어간 피칸도 있었습니다. 그러면 그것이 다시 싹을 틔워 자라곤 했습니다. 제가 집에서 맡았던 일은 다시 나기 시작하는 이 작은 피칸 나무들을 뽑는 일이었습니다.

어린 아이들이 다 그렇듯이 저도 마당에 나가 작은 식물들을 뽑는 일을 좋아하지는 않았습니다. 싹을 틔워 자라는 것들이 수백 개는 되었으니까요. 하나가 자라 난 것이 보였지만 그것을 뽑으러 가느라고 놀던 것을 멈추고 싶진 않았습니다. 그래서 집 안에서도 보일 정도로 많이 자랄 때까지 게으름을 피웠습니다. 자라난 작은 나무들이 집 안쪽에서도 보이면 가족들이 "앤디, 나가서 작은 피칸 나무들을 뽑아야겠는데?"라고 말씀하셨습니다. 그렇게 게으름을 피웠었지요.

그러나 얼마 지나지 않아서 배운 것이 있었습니다. 피칸 나무가 30cm 정도 자라면 그 뿌리는 이미 90cm 정도 되었습니다. 땅 위로 보이는 것의 세 배나 되는 것이 땅 아래로 자라고 있는 것이지요. 피칸 나무가 30cm 정도 될 때까지 그냥 놔두면 삽을 가져다가 땅을 파야만 했습니다. 뿌리를 너무 깊이 내려 그냥 뽑을 수가 없었기 때문입니다. 이 피칸 나무들을 쉽게 제거하려면 한 2cm 정도 되었을 때 뽑아버려야 합니다. 그때는 그냥 잡아 빼면 되니까요.

하나님 말씀이라는 씨도 같은 원리입니다. 사단은 당신이 뿌리를 깊게 내리지 못하는 상태에 머무는 것을 너무 좋아합니다. 그때는 그냥 와서 말씀을 앗아가면 되니까요. 사단은 말씀이 뿌리를 내리기 전에 뽑아버리기 원합니다. 그러나 당신이 뿌리를 튼튼히 내린다면 다가오는 모든 문제와 고난과 역경을 이길 수 있습니다.

많은 사람들이 주께서 묘사하신 이 두 번째 종류의 땅과 같습니다. 그들은 열매를 맺지 못합니다. 그들이 하나님의 말씀을 기뻐하지 않아서가 아닙니다. 그들이 하나님의 말씀을 사랑하지 않아서도 아닙니다. 그들은 진심으로 말씀을 사랑합니다. 단지 말씀이 자신들의 내면에 뿌리를 내리는 시간을 갖지 않습니다.

> 말씀이 각각 다른
> 결과를 가져오는 이유는
> 씨 자체의 문제가 아니라
> 그 씨가 심어진
> 땅의 문제입니다.

14장

핍박

마가복음 4장에서 예수님이 주신 씨 뿌리는 자의 비유는 성경에서 가장 근본이 되는 것들 중 하나입니다. 마가복음 4장 13절에서 주님께서는 이 비유를 이해하지 못한다면, 그 어떤 비유도 이해하지 못한다고 하셨습니다. 당신이 앞으로 그리스도인으로 살면서 매일의 삶에 필요한 근본적 진리의 계시를 여는 열쇠가 바로 이 본문입니다. 그만큼 중요한 본문입니다.

예수님께서 각각 다른 네 가지 종류의 땅에 씨를 뿌리는 사람의 예를 드십니다. 하나님의 나라도 이와 같습니다. 하나님의 말씀은 좋은 열매를 맺기 위해 우리의 삶에 심어져야만 하는 씨입니다. 변화를 가져오는 것은 바로 하나님의 말씀입니다.

하나님의 말씀은 변하는 것이 아닙니다. 말씀은 모든 사람의 삶에 동일한 잠재력으로 작용합니다. 말씀이 각각 다른 결과를 보이는 이유는 씨 때문이 아니라 씨가 심기는 땅의 종류 때문입니다. 이 비유는 각각 다른 네 가지 종류의 마음을 설명하고 있습니다. 하나님의 말씀은 모든 사람의 삶에 동일한 결과를 가져올 수 있는 잠재력이 있지만 우리가 말씀에 어떻게 반응하느냐에 따라 열매의 풍성함이 달라집니다. 이 비유에 따르면 오직 한 가지 반응만이 하나님의 말씀인 씨로 하여금 온전한 열매를 맺도록 해준다는 것을 알 수 있습니다.

적잖은 소동

말씀을 들은 두 번째 종류의 사람을 계속해서 봅시다.

> 또 이와 같이 돌밭에 뿌려졌다는 것은 이들을 가리킴이니 곧 말씀을 들을 때에 즉시 기쁨으로 받으나 그 속에 뿌리가 없어 잠깐 견디다가 말씀으로 인하여 환난이나 박해가 일어나는 때에는 곧 넘어지는 자요   막 4:16-17

주께서 이 비유를 저에게 열어 보여주셔서 이 본문이 제 삶에 큰 영향을 미치기 시작했을 때 저는 제가 믿는 모든 것을 반대하는 교단의 교회에 여전히 출석하고 있었습니다. 그곳에서는 성령 세례와 방언이 과거에 존재했기는 했지만 전혀 중요하지 않은 은사들이며 오늘날에는 유효하지 않다고 했습니다. 그들은 이 진리들을 강조하지 않았고 의와 은혜 역시 강조하지 않았습니다. 저는 제가 듣고 있는 하나님의 말씀이 계속적으로 공격을 받는 환경에 있었던 것이지요.

그때 저의 삶에 큰 영향을 미쳤던 조Joe는 저와 매우 가까웠었는데 케네스 코플랜드Kenneth Copeland의 부교역자로 섬겼던 분이었습니다. 조는 케네스 코플랜드가 가는 곳마다 함께 가곤 했었습니다. 케네스 코플랜드는 당시 텍사스 주 포트워스Fort Worth라는 도시에 있는 윌 로저스Will Rogers 경기장을 빌려 집회를 하곤 했는데 저도 그곳에 참석을 했었습니다. 그 장소는 3,500명까지 수용할 수 있었습니다. 한번은 한 이백 명 정도만이 그 집회에 참석하여 앞쪽에 모여 앉아 있었는데 케네스는 그 장소에 사람들이 가득할 것을 선포하며 하나님께 감사했습니다. 저는 그때 믿음이 어렸고 말씀을 많이 몰라서 그가 자기의 믿음을 선포하고 있는 것인 줄도 몰랐습니다. 그래서 저는 '내가 모르는 게 있구나, 곧 사람들을 태운 관광버스가 도착하려나?' 하고 생각했습니다.

그때 저는 아는 것이 많이 없었지만 케네스 코플랜드가 의에 관한 하나님의 말씀을 전하는 것을 들으러 가곤 했습니다. 그분의 설교는 저를 너무 불타오르게 했습니다. 그래서 제가 다니던 교회에 돌아가 제가 들었던 그 말씀을 그대로 전하곤 했습니다. 이렇게 한 것이 적잖은 소동을 일으켰습니다. 사람들이 치유받고 귀신이 떠나가며 자유케 된 것입니다. 좋은 일들이 일어났지만 교회의 지도자들은 제가 하는 일을 반대했습니다. 자신들의 성경

해석에 비춰볼 때 맞지 않는다고 생각한 것이지요. 그런 이유로 그분들은 저를 비난했습니다.

넘어지는 자

마가복음 4장 17절과 완전히 똑같은 상황이지요? 돌밭은 다음과 같습니다.

> 그 속에 뿌리가 없어 잠깐 견디다가 말씀으로 인하여 환난이나 박해가 일어나는 때에는 곧 넘어지는 자요

이 구절에서 묘사하는 사람들은 말씀을 들을 때 기쁘게 받고 어느 정도 말씀에 근거해서 행동하기도 하지만 그 안에 뿌리가 없습니다. 그 말씀을 대항한 환난이나 박해, 비난이 올 때 그들은 넘어집니다.

여기 "마음이 상했다('넘어지다'로 번역된 offended의 원래 의미역자 주)"는 표현은 그들이 믿기를 그만둔다거나 그 말씀을 부인한다는 뜻은 아닙니다. 저 역시 하나님이 오늘날에도 치유하신다는 사실과, 성령세례와 방언이 오늘날에도 유효하며 이러한 기적이 하나님으로부터 온다는 사실을 부인했던 것은 아닙니다. 그 진리들을 계속 믿었지만 저는 넘어졌으며, 그 말인즉 제가

그 진리에 대한 열정과 기쁨을 잃었다는 말입니다. 비난을 받는 바람에 그 진리를 향한 불이 식은 것이지요.

사단은 당신이 믿는 말씀을 완전히 거부하게 할 필요까지는 없다는 것을 아십시오. 당신으로 하여금 그 진리에 대해 말하는 것을 조심스러워하고 두려워하게 만들 수만 있다면, 또 상처를 받아 마음이 상해 열정을 잃게 할 수만 있다면 사단은 성공한 것입니다. 마귀가 당신을 그 상태에 가둘 수만 있다면 그는 하나님의 말씀이 당신의 삶에 역사하는 것도 막을 수 있습니다.

주께서 저에게 이 진리를 보여주셨을 때 제가 바로 그런 상태에 있었습니다. 케네스 코플랜드의 설교를 듣고 저는 하나님의 말씀에 너무나 흥분하여 교회로 돌아가서는 의, 믿음, 은혜에 대한 진리들을 전하곤 했습니다. 한 1~2주 정도는 너무나 능력이 있었습니다. 그러고 나면 엄청난 비난을 받았고 저는 다시 기운을 잃었습니다. 저는 그 진리를 여전히 믿었고 제가 인도하는 성경공부반에서도 계속해서 가르쳤지만 이전과 같은 결과를 보지는 못했습니다. 말씀으로부터 어떤 열매도 맺히지 않았습니다.

'다른 이가 받은 계시'

이런 일이 제게 너무 자주 일어나자 저는 이것이 패턴이라는 것을 알게 되었습니다. 케네스 코플랜드의 설교를 들으면 1~2

주는 괜찮았습니다. 그리고 돌아가서 케네스 코플랜드가 했던 대로 똑같이 하려고 했지만 같은 결과를 가져오진 않았습니다. 그러면 다시 가서 케네스 코플랜드 설교를 또 들어야 했습니다. 이 과정이 반복되었습니다. 제가 열정을 잃을 때쯤 되면, '다음 번에는 이전만큼 능력이 없겠구나.'라는 것을 알았습니다. 이제는 제가 그 패턴을 예상할 수 있는 단계에 이른 것입니다. 왜 그런지는 몰랐지만 반복되는 현상으로 인해 예상이 가능하게 된 것이지요.

그때 제가 이 구절을 공부하고 있었을 때 주님께서 저에게 말씀하셨습니다. "문제는 그 진리가 네가 받은 계시가 아니라는 데에 있다. 그 계시는 케네스 코플랜드 것이다. 너는 다른 사람이 하는 얘기를 따라하고 있구나." 하나님께서 저에게 이것을 말씀 해 주시기 전에는 가르칠 때마다 "케네스 코플랜드가 말하길…"이라고 하며 항상 그가 한 말을 전달했습니다. 그분이 드는 예, 예화 그리고 농담까지도 따라하며 그분이 가르친 내용을 그대로 전달했습니다. 그래도 제가 전한 것은 진리였기에 사람들은 은혜를 받았습니다. 다만 그 진리가 저의 것은 아니었지요. 주께서 그것을 저에게 보여주셨을 때 제 안에서 섬광이 번쩍했습니다. 제가 균형을 유지하며 한결같을 수 없었던 이유를 깨달은 것입니다. 그래서 제가 기복이 심했고 어떤 때는 말씀에 흥분했지만 또 어떤 때는 "도대체 어떻게 된 거지?" 하며 의아했던 것입니다. 이유는 제 안에 뿌리가 없었기 때문이었습니다. 다른 사람이 받은 계시에 의지하여 살고 있었던 것입니다. 뛰어난 계시였지만 제 것은 아니었습니다.

저와 제 아내 제이미에게 주께서 이것을 보여주셨던 날은 토요일이었습니다. 아내와 이 얘기를 하다가 결단하고 이렇게 선포했습니다. "지금 이후로 '누가 이런 말을 했다'고 하거나 다른 사람이 깨달은 계시를 전달하지 않을 것이다." 사실, 저의 텔레비전 프로그램이나 라디오 그리고 책에서, 지금 제가 이렇게 케네스 코플랜드를 언급한 것처럼 누군가를 언급하는 것을 보신 적은 처음일 것입니다. 이번에도 사실은 제 간증을 위해 그분을 언급한 것입니다. 저는 정말이지 다른 사람이 한 얘기를 반복하는 것은 더 이상 안하기로 결단했기 때문입니다. 그 결단 이후로 하나님의 말씀은 저의 것이 되어 갔습니다.

저는 하나님께서 제게 말씀하신 계시를 어느 누가 반대하더라도 그 말씀 위에 꿋꿋이 서겠다고 다짐했습니다. 그 말씀을 내 마음에 간직하기로 했습니다. 내 안에서 뿌리를 내리고 터가 굳어지게 하겠다고 결단했습니다.

이렇듯 제가 말씀을 향해 오는 환난과 박해를 경험할 때 마가복음 4장 17절은 저에게 큰 힘이 되었습니다. 환난이나 박해는 당신과 나를 향해 오는 것이 아닙니다. 말씀을 향해 오는 것입니다. 하나님의 말씀은 그 안에 능력을 가지고 있습니다. 당신이 하나님의 말씀을 전하기 시작하면 하나님께서 그분 자신의 말씀을 사용하시어 사람들에게 찔림을 주십니다. 말씀이 그들을 재촉

하여 변화하도록 동기를 부여합니다. 만약 그 사람이 변하고자 하지 않는다면 자신들이 느끼는 이 찔림을 어떻게든 처리해야 하는데, 그때 그들은 이 찔림이 당신으로부터 온다고 생각합니다. 이렇듯 그들은 이 찔림을 당신과 구분하지 못하겠지만 실상은 하나님께서 그분의 말씀을 사용하셔서 찔림을 가져다주신 것입니다. 그들은 당신 때문에 자기가 화가 났다고 생각하여 당신을 비난하지만 사실 그들은 당신을 통해 오는 하나님의 말씀을 비난하고 있는 것입니다. 환난과 역경은 하나님의 말씀을 향해 오는 것입니다.

그들은 자신들에게 찔림을 가져다 준 말씀, 즉 당신이 전한 말씀을 거절하고 말씀을 무효화하고자 하는 것입니다.

부흥 아니면 소동

사실 하나님의 말씀은 항상 부흥 아니면 소동을 일으킵니다. 예수님과 초대교회 사도들도 경험했던 것입니다(행 17:6, 19:1-41). 그때도 모든 사람이 주님께 마땅한 반응을 하지는 않았습니다. 예수님의 제자들이 주님께 나아와 이렇게 말했습니다. "당신이 이 사람들에게 걸림이 되신 것을 모르세요?" 예수님께서 대답하십니다. "그냥 둬라. 그들이 하나님에게 속하였으면 극복하게 될 것이다. 내 아버지가 심지 않으신 나무는 다 뽑힐 것이다."

(마 15:12-14) 그리스도께서는 이런 비난이 자기를 향한 것이라고 여기지 않으셨습니다.

예수께서 말씀을 전하실 때마다 부흥이 일어나거나 아니면 소동이 일어났습니다. 그의 제자들이 나가서 사역을 할 때도 동일한 일들이 일어났습니다. 우리가 사랑으로 행한다면 모두가 우릴 사랑할 거라는 생각은 너무 순진한 생각이며 잘못된 생각입니다(마 10:16-42). 주께서 다음과 같이 경고하지 않으셨습니까? "그들이 나를 핍박하였은즉 너희도 핍박하리라." 당신이 알아야 할 것이 있습니다. 말씀에 굳게 서서 타협하지 않으면 말씀은 그 안에 있는 능력을 풀어놓는다는 것입니다. "이것이 하나님의 말씀이고 나는 이것을 믿는다. 말씀이 전통이나 사람들이 그동안 해왔던 방식에 위배되더라도 나는 상관하지 않겠다. 나는 하나님 말씀이 말씀하시는 대로 한다." 당신이 이같이 선포한다면 하나님의 말씀이 사람들에게 부담을 주기 시작할 것입니다. 그들이 회개하고 그로 인해 당신을 사랑하거나 아니면 그로 인해 당신을 비난하거나, 둘 중에 하나일 것입니다.

이것을 이해하고 나니 제 삶에 큰 변화가 생겼습니다. 저의 기대하는 바가 바뀌었고 계속해서 주님과 함께 나아갈 수 있게 되었습니다. 비난과 역경, 환난이 찾아오면 '하나님 말씀이 일하시는구나.' 라고 생각합니다. 결국엔 하나님의 말씀이 사람들을 구별하여 나눌 것입니다(마 10:34-36).

"계속 경주하라!"

앞 장에서 말씀드렸던 조Joe는 제가 사역을 시작할 때 제게 큰 도움을 주신 분이며 제 인생에 엄청난 영향을 미친 분입니다. 한번은 그분의 집회에 참석했는데 그분이 저를 앞으로 불러냈습니다. 그때 조는, 지금까지도 저를 지탱해 주는 예언의 말씀을 선포했습니다.

"달리기 선수처럼 트랙을 달리는 당신이 보입니다. 이 트랙에서 당신이 앞서가고 있군요. 경주를 하고 있는데 아주 잘 하고 있습니다. 그런데 관중석에 있는 사람이 당신에게 소리를 지릅니다. 당신이 잘못하고 있다고 소리를 지르네요. 그들은 '그렇게 하면 안 되고 이렇게, 저렇게 해야 한다'고 말하고 있네요. 그런데 당신이 트랙을 벗어나서 관중석으로 가더니 구경꾼들과 논쟁을 하고 있습니다. 그러다가는 논쟁에서는 이길지 몰라도 경주에서는 집니다. 트랙으로 돌아오세요. 다시 경주를 시작하세요. 구경꾼들은 신경 쓰지 마시고요!"

주께서 조Joe를 통해 저에게 이 말씀을 하셨을 때, 이 예언은 정말 그때 제 상황과 딱 맞아 떨어졌습니다. 그 이후로 이 예언의 말씀은 제가 40년 이상을 이 길에서 계속 달릴 수 있게 해 준 힘이 되었습니다. 지금도 저는 모든 것을 완벽하게 하고 있지는 않을 것입니다. 저는 아직도 성장하고 있는 부분이 많습니다. 5년 뒤, 10년 뒤에는 더 좋아지겠죠. 그러나 제가 아직도 경주를 계속할 수 있는 이유는 하나님께서 보여주신 성경구절들과 조Joe를 통해 주신 예언이 있었기 때문입니다. 그것은 바로 '다른 사람들의 비난이 내 마음에서 말씀을 앗아갈 수 없게 해야 한다'는 것입니다.

다른 사람들이 하는 말로 인해 제가 마음이 상해서 진리를 말하지 못하고 겁낸다면 하나님 말씀의 역사와 열매가 제 삶에서 멈출 것입니다. 저는 거의 40년 전에 절대 이런 일을 허락지 않겠다고 결정했습니다. 계속적으로 담대하려고 노력했고 사람의 의견이 아니라 하나님의 말씀이 저를 다스리도록 했습니다. 이제 이것은 저의 습관이자 삶의 방식이 되었습니다. 제 삶에 뿌리를 내리고 자란 말씀으로 인해 저는 지금의 제가 된 것입니다. 모든 것을 완벽하게 해내지는 못하더라도 하나님의 말씀으로부터 오는 찔림으로 인해 저는 제대로 가고 있습니다.

15장

내가 깨달은 계시

겨자씨의 비유는 예수님께서 제자들에게 같은 날 말씀하신 또 하나의 비유입니다.

> 또 비유를 들어 이르시되 천국은 마치 사람이 자기 밭에 갖다 심은 겨자씨 한 알 같으니 이는 모든 씨보다 작은 것이로되 자란 후에는 풀보다 커서 나무가 되매 공중의 새들이 와서 그 가지에 깃들이느니라   마 13:31-32

이 비유는 씨 뿌리는 자의 비유가 주어진 같은 날, 같은 맥락으로 주어졌고 같은 장에 있습니다.

제가 베트남에 미군으로 갔던 초장기의 일입니다. 다른 병사들이 CS방이라 일컫는 가스실로 불려갔던 날, 저는 막사를 지키는 일을 맡았습니다. 가스실에서는 마스크 쓰는 법을 가르쳤고 비록 최루탄을 사용하여 몸에 큰 손상을 입히지는 않았어도 그것은 분명 괴로운 일이었습니다. 설명하자면 길지만 제가 초기 훈련을 받을 때 이 최루탄 때문에 매우 고생한 기억이 있습니다. 다 설명하긴 그렇고 거의 죽을 뻔 했다고만 말씀드리겠습니다.

어느 날 아침, 가스실 훈련이 있던 날, 뭔가에 자원할 사람을 뽑았습니다. 군대에서 제일 먼저 배우게 되는 것이 있다면 그것은 무슨 일이 있어도 절대 자원이란 것은 하면 안 된다는 것입니다. 십중팔구 실수했다는 걸 알게 됩니다. 그럼에도 불구하고 제가 자원하는 일이 무슨 일이든 간에 가스실보다는 나을 거라고 생각했습니다. 혼자 나가서 베트콩과 싸우라고 해도 가스실보다는 나을 것입니다. 저는 그토록 가스실이 싫었습니다.

그래서 자원을 했습니다. 그런데 이게 웬일입니까? 제가 하게 된 일은 모든 사람들이 가스실에서 고통받고 있을 때 막사에 들어앉아 보초를 서는 것이었습니다. 얼마나 좋았던지요.

깊게 내린 뿌리

그때 막사에서 보초를 서면서 마태복음 13장을 묵상하고 있었습니다. 하나님의 나라가 이 작은 겨자씨와 같다는 것을 생각하고 있었습니다. 이 작은 씨가 일단 땅에 심기면 큰 나무가 되어 그 그늘 아래 공중의 새들이 와서 쉬기도 합니다.

이 구절을 묵상하면서 이런 생각을 했습니다. '하나님, 제 삶도 이랬으면 좋겠습니다. 당신이 저를 통해 놀랍게 일하셔서 수천수만에게 영향을 미치고 싶습니다. 사람들의 삶이 변화되는 것을 보고 싶습니다.' 이 모습을 그려보는데 주께서 말씀하셨습니다. "그런데 너의 뿌리는 너무 짧다. 새 한 마리가 와서 앉아도 나무 전체가 넘어지겠다. 공중에 바람 한 점만 불어도 넘어가겠구나." 주께서는 이를 통해 제가 마음속에 말씀의 그림을 그릴 수 있게 해 주셨습니다.

대부분의 사람들처럼 저 역시 땅 위로 보이는 성장만을 생각했던 것입니다. 눈으로 볼 수 있는 결과, 물리적이고 실제적인 것만을 원하는 사람들처럼 말입니다. 그들도 사람들의 삶이 변화되는 모습을 보기 원하고 질병이 치유되는 등, 온갖 열매를 보기 원합니다. 그러나 이 모든 외적 성장이 땅 위로 진행되기 전에 땅 아래에서 뿌리를 깊이 내릴 때 엄청난 양의 성장이 진행됩니다. 사실상 그 나무가 얼마나 크게 성장할 것인가는 뿌리를 얼마나 깊이 내릴 것인가에 의해 결정됩니다.

뿌리를 깊게 내리지 못하면 화초나 나무가 될 수는 있겠지만 열매는 절대 맺을 수 없습니다. 뜨거운 온도와 가뭄과 같은 역경을 이길 수 없기 때문에 살 수 없는 것입니다. 깊이 내린 뿌리는 나무로 하여금 열매를 맺게 해주고 역경을 견디게 해 줍니다.

주께서 제게 하신 말씀이 바로 이것이었습니다. 저는 멋진 결과물을 원했지만 뿌리를 내리는 시간을 보내고 싶지는 않았던 것입니다. "그것이 대부분의 사람이 가진 큰 문제다."라고 주께서 제게 말씀하셨습니다. 그게 대략 1970년도의 일입니다. 그 순간에 저는 하나님의 말씀이 뿌리를 내린 사람이 되겠다고 결심했습니다.

씨의 능력

제가 그때 뿌리를 깊이 내리겠다고 결정한 이후로는 눈에 보이는 결과에 대한 걱정을 많이 하지 않게 되었습니다. 그 대신 하나님의 말씀을 취하고 그 말씀을 마음에 두는 데 집중하였습니다. 하나님의 말씀이 들락날락하지 않고 계속해서 제 속에 거하게 하면 그 말씀이 나의 온 존재에 뿌리를 내려 말씀의 능력이 내 안에 충만히 퍼져나갈 것을 알았습니다. 1970년 이후로 제가 집중하는 것은 이것입니다.

저는 말씀을 취해 묵상하였고 그 안에 있는 진리를 발견하였으며 제 삶을 그 진리에 적용하였습니다. 하나님께서 제 삶 속에서 행하신 모든 좋은 일들은 말씀에서 온 열매들이었습니다. 그 열매란 주께서 저에게 보여주신 계시들과 주님으로부터 온 사역으로의 부르심, 죽은 자가 살아나는 기적, 눈먼 자가 눈을 뜨고, 귀머거리의 귀가 열리는 기적들, 그 외에 온갖 기적들과 하나님께서 나의 필요를 놀랍게 채우신 일들입니다. 제 삶에 일어났던 모든 좋은 일들은 하나님 말씀이라는 씨가 내 마음에 뿌리를 내리고 열매를 맺음으로 저에게 왔습니다. 일단 그 씨가 뿌리를 내리면 반드시 열매를 맺습니다. 이 얼마나 놀라운 진리입니까? 당신은 어떠신지요? 저는 아직도 이 진리로 인해 흥분됩니다!

제가 살고 있는 집 주변 공터에는 큰 바위가 많이 있습니다. 그 중에 제가 산책할 때 자주 올라가 앉는 바위는 높이가 30m가 넘습니다. 이 엄청난 바위 윗부분에는 갈라진 틈이 하나 있었는데 바람이 불어와 나뭇잎도 쌓이고 모래만한 작은 돌들도 끼게 되었습니다. 시간이 흐르자 이 나뭇잎과 작은 돌들은 흙이 되었습니다. 그 후 어찌된 일인지 씨 하나가 30m 높이의 바위틈에 떨어져 나무가 되어 자라고 있습니다. 물론 이 바위 위에 있었던 얼마 안 되는 흙에 씨가 떨어져 자라게 되었지만 그 아래 이 엄청난 바위를 뚫고 뿌리를 내리고 있는 것입니다. 또 다른 바위들은 이 작은 씨가 뿌리를 내리는 바람에 아예 두 조각으로 갈라져 버린 것도 있습니다. 씨의 능력이 얼마나 놀랍습니까!

우리가 하나님의 말씀을 취해 우리의 마음에 두고 그 말씀이 우리를 다스리게만 한다면 하나님 말씀으로부터 온 이 작은 씨가 질병과 감정의 문제, 재정적 문제들을 파괴시킬 수 있습니다. 말씀은 이렇게 능력이 있습니다!

묵상하고, 싹을 틔우고, 풀어놓으라

그러나 당신이 그 씨를 보호해야만 합니다. 말씀이 당신 안에서 뿌리를 내리도록 해야만 합니다. 다른 사람의 계시로만 연명할 수는 없습니다. 사람들에게 얘기할 때 계속해서 "앤드류 워맥이 말하기를…"이라고 한다면 어떤 사람도 설득할 수 없습니다. 제가 드린 말씀을 묵상하여 주께서 당신의 마음에 확증하게 하십시오. 저에게 들은 것일지라도 일단 이것이 당신이 깨달은 계시가 된다면 "하나님께서 이 진리를 나에게 말씀하셨습니다."라고 해도 됩니다. 그리고 사람들에게 하나님이 당신에게 하신 말씀을 전하면 됩니다. 제가 하나님의 말씀에 대해 무엇을 믿는지 당신이 안다고 해도 그것만으로는 부족합니다. 자기 자신이 깨달은 계시가 되어야 합니다!

이것은 아주 중요한 말입니다. 그럼에도 불구하고 얼마나 많은 사람들이 하나님의 말씀을 자신의 내면에 뿌리내리지 못하고 있는지 놀라울 따름입니다.

주께서 이것을 저에게 처음 말씀하셨을 때 하나님은 제가 다른 사람이 깨달은 계시로 연명하고 있다고 책망하셨습니다. 그때 저는 저 자신에게 이렇게 말했습니다. "다시는 그런 일이 없을 거야. 예수님의 이름으로 선포한다. 앞으로는 내가 깨달은 계시를 말하리라. 처음에는 사람으로부터 들어도 그것을 가지고 하나님께 나아가 그 말씀이 싹을 틔우고 내 안에 그 생명을 풀어놓을 때까지 묵상할 것이다." 제가 말씀에서 발견한 진리들은 수천 가지입니다. 처음에는 다른 사람이 제게 씨를 심었을지 모르지만 제 안에 뿌리내리는 과정 중에 그 말씀은 바로 제가 깨달은 계시가 되었습니다.

> 말씀을 묵상하는 것은
> 시간이 걸립니다.
> 말씀이 우리 안에
> 뿌리를 내리기까지는
> 질적으로 뿐만 아니라
> 양적으로도 많은
> 시간이 필요합니다.

16장

기운이 막힘!

자, 이제 하나님의 말씀을 들은 세 번째 종류의 사람이 어떻게 반응했는지에 관한 얘기입니다.

> 또 어떤 이는 가시떨기에 뿌려진 자니 이들은 말씀을 듣기는 하되 세상의 염려와 재물의 유혹과 기타 욕심이 들어와 말씀을 막아 결실하지 못하게 되는 자요 막 4:18-19

하나님의 말씀이 심어진 네 가지 다른 종류의 마음에 관한 비유와 마찬가지로 이 부분도 과정에 대해 얘기하고 있습니다. 처음에는 하나님 말씀에 전혀 열정이 없는 상태로 시작합니다. 하나님의 말씀이 아무런 영향력이 없는 상태입니다. 한 귀로 듣고 한 귀로 흘립니다. 첫 번째 종류의 사람입니다.

두 번째 종류의 사람은 하나님의 말씀을 좋아하고 기뻐하지만 자기 안에 뿌리가 없었기에 열매를 맺지 못합니다.

세 번째 종류의 사람은 말씀을 기뻐하고 진리를 충분히 배워 뿌리내리기 시작할 만큼 묵상했습니다. 참된 생명과 활기가 그들에게 오고 있습니다. 그들의 삶 속에서 하나님의 말씀이 막 열매를 맺으려고 하는데, 이들이 세상의 염려와 재물의 유혹과 기타 욕심으로 가득 차서 열매를 맺던 것이 멈춥니다.

저 개인적으로는 첫 번째 종류와 두 번째 종류는 넘어선 것 같습니다. 지금은 세 번째 단계에서 빠져나와 많은 것을 생산해 내는 네 번째 단계로 들어가는 순간인 것 같습니다. 그럼에도 불구하고 과거에 싸우던 것들과 여전히 싸우는 부분이 저에게도 있습니다. 그것은 하나님께서 저에게 하라고 부르신 일 외에 다른 것들에 몰두하는 것입니다. 많은 분들이 그럴 것이라 생각합니다.

계속적으로 공격받다

지금 우리의 시대는 이전 시대에 없었던 정보가 쏟아져 나오고 있습니다. 그러나 1950년대 이전의 세대는 정보로부터 완전히 단절되어 있었습니다. 뉴스와 정보가 전달되는 데에는 오랜 시간이 걸렸습니다. 그때는 사람들이 작은 공동체를 이루고 살았고 지금처럼 세상의 압박과 염려가 범람하지 않았습니다. 오늘날에는 지구 반대편에서 일어난 일도 거의 바로 알 수가 있습니다. 텔레비전을 켜면 생방송으로 볼 수 있으니까요. 뉴스가 분초를 다투며 보도 되는 탓에 세상의 염려를 자기 것인 양 다 끌어안는 것이 너무나 쉬워졌습니다. 반면 이전 세대에는 뉴스가 전달되기까지 몇 주 또는 몇 달까지 걸렸기 때문에 무슨 일이 일어났는지 사람들이 알 때쯤이면 이미 그 일은 해결되고 난 뒤라 시시각각 위기상황을 직면해야 하는 현대인들이 겪는 정도의 불안, 염려, 걱정이 그때는 없었습니다.

현대의 우리는 뉴스와 문제들로 계속 공격을 받을 뿐만 아니라 온갖 종류의 엔터테인먼트도 우리를 공격하고 있습니다. 지금은 너무나 많은 텔레비전, 영화 그리고 컴퓨터 게임 등이 있습니다. 또한 사람들은 그 어느 때보다도 힘들게 일하고 있는 것 같습니다. 미국인들은 세계 어느 나라 사람들보다도 일중독입니다. 일주일에 40시간만 일한다면 특별한 경우입니다. 대부분이 더 많은 시간 일을 합니다. 사람들은 자기 자신을 이 모든 정보와 일에 쏟아붓고 그 결과 하나님의 말씀을 막아버립니다.

오해하지는 마십시오. 하나님은 우리에게 속세를 떠나 산으로 가서 하루 24시간 말씀만 보라고 하시지 않습니다. 제 말은 그런 뜻이 아닙니다. 그럼에도 불구하고 하나님의 말씀을 묵상하는 데는 시간이 걸린다는 말을 하고 있는 것입니다 말씀이 우리 안에 뿌리내리기 위해서는 시간의 질뿐만 아니라 양도 중요합니다. 오늘날 우리의 생활방식은 하나님의 말씀이 우리 삶에 뿌리내리는 데 도움이 되지 않습니다.

1900년도 초 인도에 사두 선다 싱Sadhu Sundar Singh이라는 능력 있는 그리스도인이 있었습니다. 그는 하루에 수많은 사람들을 죽음에서 살리는 등 놀라운 기적을 경험한 사람입니다. 이렇듯 이 형제는 엄청난 사역을 하고 있었습니다.

1910년도쯤 그가 배를 타고 인도에서 뉴욕으로 왔습니다. 이 여정은 1~2개월 정도 걸렸습니다. 한 번 오기가 그렇게 힘들기 때문에 미국에서 1년 정도의 집회가 잡혀있었습니다. 그런데 뉴욕에 도착한 그가 배에서 내려 30분 정도 시내를 돌아보고는 다시 인도로 돌아가기 위해 배를 탔습니다. 떠나면서 그가 남긴 말은 이렇습니다. 미국 사람들의 생활방식 자체가 하나님의 말씀이 그들의 마음에 뿌리를 내릴 수 없게 할 것이기 때문에 사역을 할 이유조차 없다는 것입니다. 백 년 전인데 말입니다! 지금 제가 하는 얘기가 바로 그것입니다. 세상의 염려와 재물의 유혹과 기타 욕심이 들어와 말씀을 막습니다(막 4:18-19).

쉬어가기

바쁜 일상은 영성에 도움이 되지 않습니다. 삶에는 균형이 필요한데 대부분의 사람들이 그렇게 살지 않습니다. 우리 대부분이 하나님과 그분의 말씀 외에 다른 것들에 몰두합니다. 평범한 사람들에게 어떻게 지내는지 물어보면 다들 바쁘다고 합니다. 대부분 "요즘 너무 바빠."라고 대답하지요. 그러나 마가복음

4장에 따르면 이런 바쁜 생활은 하나님의 말씀이 우리 삶에서 열매를 맺는 것을 막는다고 합니다. 잠시 앉아서 하나님의 말씀에 잠겨 그 말씀으로 하여금 당신의 삶에 능력을 풀어놓을 여유를 주어야 합니다.

많은 분들이 큐티에 대해 얘기합니다. 아침에 일어나서 5분 정도 말씀과 기도시간을 가지는 것이지요. 거기에도 유익이 있다는 것은 저도 인정합니다. 그러나 만일 당신이 5~10분 안에 주님의 음성을 듣고 하나님께 생각을 집중하는 이 모든 일을 다 하려고 하면서 나머지 시간은 미친 듯이 바쁘게 뛰어 다닌다면 하나님의 말씀이 당신의 삶에 열매를 맺지는 않을 것입니다. 주님의 음성을 들으려면 바쁜 일을 내려놓고 쉬어가는 시간을 가져야 합니다.

너희는 가만히 있어 내가 하나님 됨을 알지어다　시 46:10

잠잠하여 자기를 진정시키고 안식의 시간을 가져야 합니다. 저도 바쁜 일정을 따라가다 보면 정신이 팔리고 바빠져서, 자리에 앉아 안식하며 꽤 오랜 시간을 보내야만 제 마음으로부터 하나님의 음성을 들을 수 있습니다. 그럴 때는 시간이 좀 걸립니다. 무언가에 몰두하여 며칠 또는 몇 주간 잠잠히 그가 하나님 됨을 아는 시간을 갖지 않았을 때, 영적인 영역에 집중하여 주님의 음성을 듣기 위해서 그 장벽을 뛰어 넘기까지는 저에게도 오랜 시간이 걸립니다.

그러나 주님과 많은 시간을 보내고 그분께 민감하게 귀 기울이고 있을 때에는, 어떤 일에 한 시간 동안 바쁘게 몰두하다가도 그 일에서 즉시 빠져나와 영적인 영역으로 다시 들어갈 수 있습니다. 하지만 다른 일에 며칠 또는 몇 주씩 몰두해 있었다면 저 자신을 잠잠하게 하고 하나님의 말씀이 내 삶에 역사하기까지는 질적으로 뿐만 아니라 양적으로도 많은 시간이 소요됩니다.

어느 날 밤 꿈에서 '시편 46편 10절'을 보았습니다. 구절을 다 본 것은 아니고 몇 장, 몇 절이라는 글자만 보았습니다. 그 구절을 가지고 수백 번 말씀을 전했지만 잠에서 깼을 때는 그 구절이 뭐였는지 생각이 나질 않았습니다. 그래서 성경을 찾아보았습니다. 즉시 오랜 친구를 만난 것처럼 그 구절을 알아보았지만 뭔가 더 있다는 생각이 들었습니다. 그래서 아침 내내 그 말씀을 묵상했습니다.

그 말씀이 물리적으로만 가만히 있으라는 뜻은 아닌 것을 저도 압니다. 우리의 생각과 감정, 또 여러 가지를 차분하게 하라는 말씀이라고 생각합니다. 그렇지만 그날 오후, 저는 말 그대로 가만히 앉아서 한 시간 동안 있어 보기로 했습니다. 그 결과는 놀라웠습니다. 제 눈동자만 움직이고 아무것도 움직이지 않았습니다. 흔들의자에 앉은 것도 아니고 자세를 바꾸지도 않았습니다. 돌처럼 가만히 있었습니다. 그러자 사슴 하나가 바로 제 앞으로 걸어왔습니다. 다람쥐 하나는 제 발 위에 앉았습니다. 그래도 저는 움직이지 않았습니다.

전에는 보지 못했던 많은 것들을 보게 되었습니다. 나무 사이로 부는 바람 소리도 들렸습니다. 그 바람은 하루 종일 불었지만 저의 바쁜 일정으로 인해 그렇게 가만히 있기 전에는 그 소리를 듣지 못했습니다. 전에는 보이지 않았던 다람쥐도 열 마리 넘게 보았습니다. 이렇게 가만히 있기 전에는 보지 못했던 개미도 수천 마리가 있었습니다. 제 주변에 엄청난 일들이 벌어지고 있었지만 제가 바쁜 탓에 모두 놓치고 있었습니다.

주께서 이 일을 통해 제게 말씀하시길 자연적 영역의 바쁜 일상이 영적세계를 인식하는 것을 방해한다고 하셨습니다. 또는 예수님께서 하신 말씀으로 표현하자면 세상의 염려와 재물의 유혹과 기타 욕심이 말씀을 막아버린 것입니다.

항상 바쁘게 미친 듯이 쫓아다녀야 하는 생활방식은 하나님의 말씀이 당신의 삶에 역사하지 못하게 막을 것입니다. 예수님께서도 쉬어가셨습니다. 그분의 섬김을 받기 위해 오는 사람들이 너무 많아 음식을 먹을 시간도 없으셨습니다. 그래서 제자들과 함께 따로 계시기 위해 "따로 한적한 곳에 가자."고 하셨습니다(막 6:30-32 참고). 그분의 목적은 사람들을 섬기는 것이었습니다. 되도록 많은 사람들을 섬기는 것이 그분의 소망이었습니다. 그렇지만 제자들이 전도여행을 다녀온 후에는 잠시 쉬기 위해 한적한 곳으로 가고자 하셨습니다. 주께서 왜 그러셨는지 아십니까? 예수님께서는 세상의 염려와 재물의 유혹과 기타 욕심이 말씀을 막아버린다는 것을 아셨기 때문입니다.

따로 있기

매일의 삶 속에 바쁜 일들로부터 빠져 나와 하나님께만 집중하여 시간을 보내기 위해 따로 있을 시간이 필요합니다. 꼭 성경에 얼굴을 파묻어야만 하는 것은 아닙니다. 말씀을 모르면 묵상할 수 없기에 어느 정도는 성경을 읽어야 하겠죠. 그러나 말씀을 읽은 후에는 편히 앉아서 그날 있었던 일들에 대해 기도할 수 있어야 합니다. 또는 하나님께서 보여주시는 말씀을 묵상하면서 깨달음을 위해 기도할 수도 있습니다.

저도 그렇게 많이 합니다. 제 집 주변에 제가 산책로를 만들었는데 하루에 한두 시간 그 길을 걷습니다. 그 시간에 저는 하나님에 대해 묵상하고 주님이 저를 인도해 가시는 곳에 대해 생각하며 성경구절도 묵상합니다. 우리 집 현관 옆에는 작은 그네 의자가 있는데 저는 거기 앉아있는 것을 좋아합니다. 우리 집에서는 다른 집이 보이지 않기 때문에 거기 앉아서 산을 바라보는 것이 좋습니다. 주변을 둘러보면서 묵상하며 여러 가지 일들에 대해 생각합니다. 이런 시간을 갖는 것이 아주 중요합니다.

하나님의 말씀이 당신의 삶에서 역사하는 것을 막는 것은 바로 바쁜 일상입니다. 사단이 만약 뿔을 달고 붉은 색 옷을 입고 삼지창을 들고 나타난다면 우리 대부분이 "안 돼, 너는 내 삶에 들어올 수 없어!"라고 하겠지요. 그와 마찬가지로 우리 대부분이 외설적인 영화처럼 마귀로부터 온 것이 뻔한 것들은 바로 거절할 것입니다. 그러나 직업을 갖고 가정을 갖는 것은 잘못된 것이 아닙니다. 직장에서 일하고 가족과 시간을 보내는 것은 마땅한 일이지만 너무 많은 일을 하느라 하나님과 그분의 말씀을 위한 시간을 낼 수 없다면 그것은 문제입니다. 그 자체로는 부도덕하지 않은 좋은 일에 몰두해 있을 수도 있습니다. 그러나 잠시 앉아 주님에 대해 묵상할 시간이 없다면 그러한 바쁜 일상은 하나님의 말씀이 당신의 삶에 역사하는 것을 막을 것입니다.

제 개인의 삶 속에서도 하나님께서 몇 가지 일로 저를 다루셨습니다. 그 일들이 죄는 아니었지만 주님은 저에게 그 일들에 몰두할 시간과 에너지가 없음을 말씀해 주셨습니다. 저에게 더 이상의 취미는 필요하지 않습니다. 제 성격 때문에 하는 일도 더 이상 필요치 않습니다. 저는 뭘 하든지 극단적으로 하는 경향이 좀 있습니다. 가까운 제 친구들이 저에게 다양한 취미를 소개하는데 그들에게는 그것을 누리는 것이 문제가 없지만 저는 그 어떤 것에도 몰두할 시간이 없습니다. 꼭 해야 할 일들을 해야 하니까요!

어떻게든지 이것을 사람들에게 이해시키고 싶습니다. 왜냐하면 사단이 이를 이용해 사람들의 성장을 막고 있기 때문입니다. 사단은 우리를 바쁘게 만들어서 우리를 변화시킬 하나님의 공급하심을 받지 못하게 합니다. 우리는 지금 너무 다른 일에 정신이 팔려서 말씀 안에서 시간을 보내지 않고 하나님과도 교제하지 않고 있습니다. 이로 인해 하나님께서 이루기 원하시는 변화가 방해를 받습니다.

하나님과의 교제

하나님의 말씀이 당신의 삶에 열매를 맺는 그런 효과적인 변화를 경험하려면 말씀을 통해 양적으로 충분한 시간을 하나님과 교제하는 데 써야 합니다. 이 진리를 취해 마음에 심고 간직해야 합니다. 어떤 사람들은 이 사실을 좋아하지 않지만 그래도 하나님의 나라는 이렇게 역사합니다. 우리는 꼭 이런 방법으로 하고 싶지 않을 수 있지만, 이것이 주님께서 말씀하신, 그분의 나라가 역사하는 방법입니다. 그분이 주님이시기 때문에 당신이 선택하는 방법이 아니라 주님이 말씀하시는 방법으로 역사할 것입니다. 이것은 저 또한 항상 겪는 문제입니다. 저 자신도 너무 바쁘지 않기 위해 억지로라도 항상 시간을 내려 합니다.

교회가 '죄'라고 부르는 그런 일은 하지 않지만 사역 때문에 너무 바쁜 것에 대해 하나님께서 종종 저를 다루십니다. 사역 때문에 제 시간이 모두 **빼앗겨** 하나님과 교제하고 그분의 말씀을 공부할 시간이 없는 것이지요. 주님께서 이 문제로 저를 다루셨습니다. 만일 제가 다른 사람들을 돕는 선한 일인 사역 때문에 너무 바빠서 하나님의 말씀이 막혀 제 삶에서 역사하지 못하게 할 수도 있다면, 자기 일 때문에 바쁘고 일주일 내내 아이들을 뒤치다꺼리하느라 뛰어 다니는 사람들은 어떻겠습니까?

오해는 하지 마십시오. 당신에게 할 일과 하지 말아야 할 일을 정해주려는 것이 아닙니다. 다만, 당신이 하나님을 사랑하고 그분의 말씀을 중요시 여기며 열매를 보기 원하지만 이 온갖 종류의 '선한' 일 때문에 너무 바빠서 하나님의 말씀이 당신의 삶 속에서 막히고 있는 것은 아닌지를 질문하는 것입니다. 많은 그리스도인들이 많은 일들로 너무 바쁩니다. 아이들을 여기저기 데려다 주고 교회에서 하는 모든 일에 속해 있습니다. 조심하지 않으면 이런 일들이 하나님의 말씀을 막아 당신이 열매를 맺지 못하게 할 것입니다. 이것이 나쁜 일들은 아닙니다. 단지 자연적 영역의 일들이지요.

집에 있으라

베트남에 있을 때 저는 시간이 참 많았습니다. 제가 맡은 일은 항상 전쟁터에 나가서 적군과 싸우는 일은 아니었습니다. 저는 멀리서 그 장면을 보았고 제가 했던 폭탄을 지원하는 일도 위험한 일이긴 했습니다. 그러나 그 일을 위해 언덕 위에 앉아만 있는 것은 참 지루한 일이었습니다. 저는 본부에 소속된 군목의 조교였습니다. 대대 소속이었지요. 그 말인즉슨 제 위에 직속상관이 없었다는 말인데, 저의 윗분들은 45마일(약 70킬로) 떨어진 곳에 있었기 때문입니다. 이 때문에 저에게는 엄청난 여유시간이 있었습니다.

그래서 하루에 15, 16시간 동안 하나님의 말씀에 집중했습니다.

온종일 성경공부를 한 것입니다. 매일 보초를 서는 4시간 동안 기도하며 주님과 교제했습니다.

그렇게 말씀과 기도만으로 13개월을 보내고 나니 다시 미국으로 돌아왔을 때에는 교회 사람들과 교제하길 무척 원했습니다. 그때 제가 차가 있어서 교회 청년들을 태우고 달라스 포트 워스 지역을 달리며 그 아이들을 집에 데려다 주곤 했었습니다. 그때 우리는 기도모임, 부흥회, 철야기도 모임에 참석하느라 새벽 한두 시까지 밖에 있곤 했습니다.

그런 일들이 다 좋은 것이었지만, 베트남에서 미국으로 돌아와 그렇게 한 달 정도 지나니 하나님을 향한 저의 영적 민감함이 떨어져 간다는 것을 느꼈습니다. 제 마음이 전처럼 주님께 집중되어 있지 않았습니다. 제가 죄를 짓거나 나쁜 짓을 한 것은 아니지만 주님께서는 "이렇게 매일 밤 집회에 참석하다가는 나와의 관계가 깨어질 것이다."라고 말씀하셨습니다.

이해가 안 될 수도 있을 것입니다. 제가 교회 집회에 가는 것을 반대한다고 생각하고 싶을 수도 있을 것입니다. 그런 것이 아니니 염려 마십시오. 그러나 그때 저는 일주일에 7일 밤을 매일매일 집회에 갔었습니다. 달라스 포트 워스 지역에는 매일 밤 집회가 있었습니다. 게다가 우리 교회에는 새벽기도 모임이 있었고 오후에도 모임이 많았습니다. 이 모든 (경건한) 일들에 참여하고 있었지만 이것이 하나님의 말씀을 제 삶에서 막아버리고 있었습니다. 그래서 주님께서 제게 명하신 것 중에 하나는, 일주일에 이틀은 저녁 때 집에 있으라는 것이었습니다. 주님께서 구체적으로 저를 인도하시며 그 시간에는 청년들과 부흥회나 집회, 기도모임에 가지 말고 집에서 말씀을 공부하며 주님과 교제하자고 하셨습니다. 하나님과의 저와의 개인적 관계로 다시 돌아가야만 했기 때문입니다.

잡초

바쁜 일상은 당신이 심은 작물 옆에서 자라나는 잡초들과 같습니다. 땅에는 정해진 양의 영양분만 있는데 잡초가 땅으로부터 습기와 영양분을 다 빨아들이면 막상 자라야 할 씨는 열매를 맺지 못할 것입니다. 우리가 다른 일로 정신이 팔릴 때 바로 이런 일이 생기는 것이지요. 그 일이 꼭 나쁜 일일 필요는 없습니다. 다만 그 일에 너무나 몰두하여 거기에 우리의 모든 주의와 에너지를 빼앗기는 것입니다. 그러고 나면 주님께 집중하고 그분과 교제할 시간이 전혀 없게 됩니다.

솔직히 한번 얘기해 봅시다. 당신은 하나님의 말씀을 들여다보려고 할 때마다 졸려서 잠이 듭니까? 너무 바빠서 충분한 수면을 취하지 못하고 계십니까? 삶에서 너무 많은 일을 하다 보니 삶의 질은 좋아지지 않고 있습니다. 단지 더 바빠진 것뿐이지요. 이런 생활방식은 바뀌어야 합니다.

당신이 소망하는 변화가 삶에서 일어나고 있습니까? 하나님께서 원하시는 그런 열매를 맺고 있습니까? 만약 그렇지 못하다면, 충분한 시간 동안 주님의 일에 집중하여 보시길 도전합니다. 사람마다 다 상황이 다르기 때문에 이것에 어떤 조건을 달고 싶지는 않습니다. 만약 하나님께 드리는 시간이 전혀 없었다면 당장 30분만 주님께 집중하여도 놀라운 유익을 얻게 될 것입니다. 이미 30분 정도는 주님과 시간을 보내고 있다면 주님께서 당신을 더 깊은 곳으로 인도하고 계십니다. 당신의 삶에서 하나님의 말씀을 막는 것들로부터 멀어지겠다는 결단이 필요합니다.

17장

더 적은 것이 필요함

원하는 열매를 맺는 땅은 오직 하나입니다. 하나님 말씀이 심긴 마지막 종류의 마음입니다.

> 좋은 땅에 뿌려졌다는 것은 곧 말씀을 듣고 받아 삼십 배나 육십 배나 백 배의 결실을 하는 자니라   막 4:20

우리 모두는 다 이 마지막 종류의 땅이길 원합니다. 다 풍성한 수확과 양질의 열매를 얻기 원합니다. 그런데 최고의 땅은 더 많은 것을 가지지 않았습니다. 더 적은 것을 가졌습니다.

우선순위

주께서 이 진리를 저에게 보여주셨을 때, 저는 막 사역을 시작했을 때였습니다. 저는 제가 텍사스 출신 촌놈이란 것을 너무도 잘 알았기 때문에 이 진리는 저에게 매우 깊은 영향을 미쳤습니다. 제 목소리는 라디오나 텔레비전에 나올 목소리가 아닙니다. 하나님께서는 세상의 미련한 것들을 택하사 지혜로운 자들을 부끄럽게 하십니다(고전 1:26-28). 만약 제가 라디오나 텔레비전에 나올 사람을 뽑는다고 해도 저는 저를 뽑지 않았을 것입니다. 정말입니다! 저는 저의 조건을 너무나 잘 알고 있었습니다. 제 목소리, 제 외모, 제가 텍사스 출신 촌놈이라는 사실, 카리스마라고는 전혀 없다는 것을 말이지요. 그래서 저는 하나님이 저를 사용하실 수 있을까 하고 진심으로 의심했습니다. 그러나 주께서 이 비유를 통해 저를 너무나도 격려해 주셨습니다.

열매를 맺는 것은 말씀인 씨라는 사실을 저에게 보여주셨습니다. 그리고 최고의 열매를 맺은 땅은 더 많이 가진 땅이 아니었고 더 적게 가진 땅이었습니다. 이 땅에는 돌도, 가시도, 잡초도 더 적게 있었습니다. 생산량이 많은 땅은 다른 땅보다 더 많이 가진 땅이 아니었고 더 적게 가진 땅이었습니다.

이 비유는 사람들이 성공하기 위해 필요하다고 말하는 외적인 재능들이 사실상 꼭 필요한 것들은 아니라는 것을 저에게 알려주었습니다. 문제는 그 사람의 마음입니다. 제 마음속의 돌, 가시, 잡초를 없애기만 하면 됩니다. 저의 관심을 차지하는 것들을 제거하여 하나님께 온전히 저 자신을 드려야만 하는 것입니다. 하나님의 말씀을 제 마음 가장 중요한 자리에 두기만 하면 그 말씀이 제 인생에 풍성한 추수를 가져올 것입니다.

이 사실이 저에게 큰 격려가 되었습니다. 저는 이렇게 기도했습니다. "하나님, 당신의 말씀이 열매 맺기 위해 필요한 것이 더 적게 가진 마음이라면 저는 그렇게 할 수 있습니다. 더 많이 가지진 못하겠지만 더 적게 가질 수는 있습니다. 저를 방해하는 것들을 없앨 수 있습니다."

당신이 뛰어나지 못하다고 느낄 수도 있습니다. 다른 사람들에게는 없는 자신의 약점들을 잘 알고 있을 수도 있습니다. 그러나 하나님의 말씀에 자신을 드리고 그 말씀이 당신의 마음에 뿌리를 내릴 때까지 묵상할 수는 있습니다. 주님께로 가야할 관심을 빼앗고 마음의 힘을 앗아가는 그 어떤 것이라도 거절할 수 있습니다. 당신이 자기 자신을 온전히 주님과 그분의 말씀에게 내어드린다면 하나님의 말씀이 당신을 성공하게 할 것입니다. 그렇게만 한다면 하나님께서 당신을 부르시고 기름부은 곳에서 당신을 위해 말씀이 친히 열매를 맺을 것입니다.

자산

누가복음은 이렇게 얘기합니다.

> 좋은 땅에 있다는 것은 착하고 좋은 마음으로 말씀을 듣고 지키어 인내로 결실하는 자니라   눅 8:15

잠시 멈춰 생각해 보면 이 비유는 전체적으로 인내에 관해 말씀하고 있다는 것을 알게 됩니다. 씨가 심어진 후 시간이 흐른 뒤에 추수를 한다는 이야기입니다. 씨를 심어본 사람들은 그 씨가 자랄 수 있도록 시간을 좀 줘야 한다는 것을 압니다. 시간은 사실 자산입니다. 시간은 농부에게 유익을 줍니다. 부정적인 것이 아니라 긍정적인 것입니다.

씨를 땅에 심으면 어떤 일이 일어나고 있는지 알 수 없습니다. 그러나 심어진 씨를 파내지 않고 물을 주고 잡초를 제거한다면 시간이 경과하면서 싹을 틔우고 뿌리를 내릴 것입니다. 작물은 자라고 열매는 숙성될 것입니다. 시간은 이렇게 유익한 것입니다. 시간을 부정적으로 보지 말고 친구로 볼 수 있어야 합니다.

이렇게 성장 과정에는 시간이 걸린다는 얘기를 하고나니 우리 학교 학생 하나가 생각납니다.

"성장하는 데 10년이나 보낼 수는 없습니다. 하나님께서는 제가 수백만 명을 주님께 인도해야 한다고 말씀하셨어요. 예수님은 곧 오십니다!"하며 화를 냈습니다. 새로 입교한 자에게 권위를 주면 안 된다는 말씀과 성장에는 시간이 필요하다는 말씀이 성경에 있음에도 불구하고 그는 그 모든 법칙을 어기고 자기 힘으로 일을 이루겠다고 결심했습니다. 그래서 학교도 그만두고 짧은 시간에 세상을 변화시키겠다며 나갔습니다. 그러나 오랜 시간이 흐른 뒤에도 그가 말한 일은 이루어지지 않았습니다. 그는 시간을 부정적인 것으로 보았고 "그렇게 기다릴 수는 없어!"라고 생각했습니다.

40년 넘게 사역을 하면서 저는 시간을 자산으로 보게 되었습니다. 수십 년간 하나님의 말씀을 제 삶에 심었습니다. 이 진리들을 수년간 묵상했습니다. 수십 년 전에 하나님의 나라에 투자한 시간으로 인해 저는 지금도 열매를 거두고 있습니다.

재생산과 증가

일단 씨가 심기면 시간이 감에 따라 그 씨는 자라서 번식할 것입니다. 민들레를 생각해 보십시오. 마당에 민들레를 심으면 시간이 감에 따라 재생산하여서 마당 전체를 다 덮습니다. 씨는 그렇게 일합니다. 시간은 사실 씨에게 친구 같은 존재인데 그 이유는 시간이 씨로 하여금 재생산하게 하고 번식하게 해 주기 때문입니다.

"아이고, 말씀이 내 안에서 성장하고 성숙하여 뿌리를 내릴 때까지 시간을 보내야 한다니."하고 불평하지 마십시오. 시간을 긍정적으로 보십시오. 하나님의 말씀을 묵상하는 매 순간, 마음에 그 씨를 심는 매 순간에 당신은 누구도 멈추게 할 수 없는 과정을 시작하는 것입니다. 씨에는 이렇게 놀라운 능력이 있습니다.

세인트헬렌스 화산이 폭발한 지 20년이 넘었습니다. 절망적인 피해로 인해 모든 과학자들이 예견하기를 이 산이 다시 숲으로 덮이고 동물들이 돌아오며 꽃이 피기까지는 수백 년이 걸릴 것이라고 했습니다. 그러나 20년이 조금 넘은 지금 모든 것이 얼마나 새롭게 되었는지를 보면서 그 과학자들은 놀랐습니다. 사람들의 생각과는 너무 달랐습니다. 씨 안에 있는 능력을 몰랐기 때문입니다. 엄청난 열과 산사태가 있었지만 그 속에 남아있던 씨들은 하나님께서 창조하신 대로 자신의 일을 하였습니다. 씨는 생산을 시작했고 다음 해에는 여기저기서 재생의 기미가 보였습니다.

하나님은 그분의 말씀 안에 씨를 넣어 두셨습니다. 우리는 이 씨를 취해 우리 마음에 심고 그냥 기다리면 됩니다. 하나님의 말씀을 우리 안에서 신선하고 살아있게 유지한다면 그 말씀이 20년, 30년, 50년 이상 우리에게 유익을 줄 것입니다(주께서 우리를 그때까지 살게 하신다면).

하나님의 나라는 이렇게 역사합니다. 이 원리를 일단 이해하면 하나님의 말씀을 취해 당신의 삶에 심고 간직할 수 있습니다. 성장하려면 시간이 걸린다는 사실에 낙심하지 않고 오히려 격려를 받게 됩니다. 이 법칙을 일단 구축하고 시간을 투자하면 하나님의 말씀이 초자연적으로 당신을 변화시킬 것입니다. 하나님의 말씀으로 인해 노력 없이 변화될 것입니다. 말씀이 싹을 틔워 당신의 삶 속에서 성장할 것입니다. 당신은 변화될 것입니다.

저는 콜로라도의 산악지대에 살고 있습니다. 저희 집 앞 도로에서 75m 수직상승하는 길 끝에 저희 집이 있습니다. 그 길은 너무 경사가 져서 걸어 올라가기도 힘들고 겨울에 눈이 오면 더욱 그렇습니다. 게다가 이 지역은 해발 2,700m라서 언덕을 올라가려면 숨이 찹니다. 그래서 저는 숨이 차지 않고 집에 올라가고 내려올 수 있도록 집 주변을 돌아내려오는 산책로를 만들었습니다.

기계가 아닌 도구를 이용하여 그 길을 만들기 시작한 것은 1994년도입니다. 제 집 주변은 대부분 부패한 화강암으로 되어 있어 한 시간 작업하면 3m 정도 길을 낼 수 있습니다. 지금 이 산책로는 총 4km입니다. 그래서 처음 시작했을 때는 이 산책로를 완성하기까지 영원토록 길을 닦아야 할 것만 같았습니다. 이 길은 2000년도에 완성되었고 지금도 조금씩 손을 보고 있습니다.

이 이야기를 하는 것은, 제가 이 길을 걸을 때마다 저는 1994~2000년도까지 했던 저의 노동에 대한 유익을 거두고 있다는 것을 말하려는 것입니다. 물론 그 길을 내는 데 6년이 걸렸지만 그 이후로도 수년간 이용하고 있습니다. 그 시간은 낭비된 시간이 아닙니다. 저는 지금도 매일 제가 투자한 시간의 유익을 거두고 있습니다. 이처럼 당신이 하나님의 말씀에 뿌리를 내리고 터가 굳어지는 데 사용한 시간은 낭비된 시간이 아닙니다. 남은 인생동안 계속해서 그 상급을 거두게 될 것입니다.

18장

성장 과정

또 이르시되 하나님의 나라는 사람이 씨를 땅에 뿌림과 같으니 그가 밤낮 자고 깨고 하는 중에 씨가 나서 자라되 어떻게 그리 되는지를 알지 못하느니라 땅이 스스로 열매를 맺되 처음에는 싹이요 다음에는 이삭이요 그 다음에는 이삭에 충실한 곡식이라 열매가 익으면 곧 낫을 대나니 이는 추수 때가 이르렀음이라
막 4:26-29

이 구절이 내용은 단순하지만 깊은 의미가 가득 담겨있습니다. 먼저, 하나님의 나라는 마치 씨를 뿌리는 사람과 같다고 합니다. 씨 뿌리는 자의 비유와 같은 원리입니다. 하나님의 말씀은 우리의 마음이라는 땅에 심어진 씨입니다.

원칙을 따르면 거둔다

> 그가 밤낮 자고 깨고 하는 중에 씨가 나서 자라되 어떻게 그리
> 되는지를 알지 못하느니라　　　　　　　　　　　막 4:27

　땅속에 심은 씨가 어떻게 자라는지 잘 모르듯이 하나님의 말씀도 그렇습니다. 인류는 우리가 가진 지식으로 위성도 띄우고 달에도 갔으며 다른 행성에 우주선을 보내기도 했습니다. 그러나 인류가 이렇게 성취하고 축적해 온 지식을 다 모아도 씨를 생산할 수는 없습니다. 물론 씨의 크기, 색상, 화학성분과 똑같은 무언가를 만들 수는 있습니다. 완전한 복제품을 만들어 사람들을 속일 수는 있지만 사람이 만든 그 씨를 땅에 심는다 해도 싹이 나거나 재생산하는 일은 없습니다. 왜 그럴까요? 그 안에 생명이 없기 때문입니다.

　인간이 가진 모든 지식에도 불구하고 인류는 씨가 어떻게 그런 힘을 가졌는지 알아내지 못했습니다. 그것은 하나님께서 그렇게 창조하셨기 때문입니다. 그러나 우리가 그 모든 구체적인 내용을 알지 못한다고 해서 그 씨를 취해 땅에 심지 않을 이유는 없습니다. 인류는 씨가 싹을 틔우고 수확하기까지 얼마만큼의 시간이 걸리는지에 대해 몇 가지를 알아냈습니다. 어떤 잡초를 조심해야 하는지, 어느 정도의 온도가 적정한지, 또 열매를 맺으려면 물은 얼마만큼 줘야 하는지도 알아냈습니다. 씨를 잘 키우기 위해 알아야 할 것들에 대해 충분히 알아냈지만 여전히 다 알지는 못합니다.

그래도 씨는 자랍니다. 씨의 유익으로 빵도 먹고 과일과 야채를 먹으며 땅에 심어진 씨앗의 유익을 얻습니다. 어떻게 자라는지는 몰라도 그것의 유익은 얻을 수 있습니다.

이로 인해 저는 엄청난 위로를 받습니다. 저도 하나님의 말씀이 어떻게 역사하는지 다 알지는 못합니다. 주님하고만 시간을 보내는 것, 그분의 말씀을 공부하는 것, 주님의 음성을 듣는 것이 왜 저에게 이런 유익을 주는지 그것은 저도 잘 모릅니다. 제가 그것들을 다 설명하지 못한다 해도 그것 때문에 그 유익을 거두는 일을 멈추지는 않을 것입니다.

최첨단 과학을 다 이해하고 제일 똑똑한 사람일 필요는 없습니다. 하나님의 말씀이 당신의 삶에 역사하기 위해 모든 것을 알아야 하는 것도 아닙니다. 마음에 말씀을 심기만 하십시오. 밤낮으로 묵상하십시오. 하나님의 말씀은 싹을 틔워 뿌리를 내리고 잎을 내고 스스로 성장할 것입니다.

예수님께서 공급하신 모든 것

하나님께서 이 씨 안에 생명을 불어넣으셨습니다. 인류는 그것을 이해하지 못하지만 하나님께서는 이 물리적인 씨 안에 생명을 선포하셨습니다. 그리고 그분의 말씀인 영적인 씨 안에도 생명을 선포하셨습니다.

잠언 4장 20-22절은 말씀합니다.

> 내 아들아 내 말에 주의하며 내가 말하는 것에 네 귀를 기울이라 그것을 네 눈에서 떠나게 하지 말며 네 마음 속에 지키라 그것은 얻는 자에게 생명이 되며 그의 온 육체의 건강이 됨이니라

하나님의 말씀은 그분의 생명을 담고 있습니다. 그분의 말씀을 취해 자신 안에 담으면 하나님의 생명이 당신을 통해 흘러갈 것입니다. 치유, 형통, 기쁨, 평안 등, 예수님께서 공급하신 모든 것이 하나님의 말씀 안에 있다는 것을 발견하게 될 것입니다.

성경은 여타 책과는 전혀 다릅니다. 성경은 살아있는 책입니다.

> 하나님의 말씀은 살아 있고 활력이 있어 좌우에 날선 어떤 검보다도 예리하여 혼과 영과 및 관절과 골수를 찔러 쪼개기까지 하며 또 마음의 생각과 뜻을 판단하나니   히 4:12

하나님의 말씀은 살아있습니다. 그냥 책을 읽는 것과 다르고 또한 성경에 관한 책을 읽는 것과도 다릅니다. 그 안에는 생명이 있습니다. 말씀을 취하기만 한다면 사망이 있었던 곳에 생명을 줄 것입니다. 어둠이 있었던 곳에 빛을 줄 것입니다. 아주 간단하지요.

인내

　이 진리를 깨닫고 나서 저는 사람들이 왜 하나님의 말씀을 공부하는 데 더 많은 시간을 보내지 않는지 이해가 되지 않습니다. 우리는 왜 다른 일들에 그렇게 정신을 빼앗겨야 하는지 정말 이해가 안 됩니다. 제가 생각해 낼 수 있는 한 가지 이유가 있다면 아마도 우리가 진짜 믿지 않기 때문이 아닐까요? 하나님의 말씀 안에 있는 능력과 권세를 우리가 진짜 믿지는 않는 것 같습니다. 제가 지금까지 말한 것을 이해했다면 당신이 할 수 있는 가장 중요한 일은 하나님의 말씀을 취해 당신의 삶에 심는 것이라는 것을 알아차렸을 것입니다.

　하나님은 그분의 말씀을 물리적인 씨와 같이 창조하셨습니다. 말씀도 스스로 열매를 맺습니다. 그러나 씨가 땅에 심기기 전에는 아무 일이 없듯이 하나님의 말씀도 당신의 마음에 심기기 전에는 아무 일이 일어나지 않습니다.

　고고학자들이 피라미드 안에서 4천 년이 된 씨를 발견했었습니다. 그 씨는 땅 속에 심어지지 않았었기 때문에 아무 일도 없었고 발아된 적도 없었습니다. 그런데 그 씨를 적정한 온도, 영양분, 물을 주어 땅에 심었더니 싹을 틔워 자라기 시작했습니다. 그 안에 있었던 생명이 밖으로 나온 것입니다. 정말 기적 같은 일입니다!

　하나님의 말씀 안에도 수천 년의 역사가 있습니다. 이 말씀을 취해 마음에 심기만 하면 생산을 시작할 것입니다. 그러나 이 씨는 꼭 땅에 심어져야만 합니다. 그 안에 있는 생명을 탄생시키고 풀어 놓으려면 말씀이 당신의 마음 안에 있어야만 합니다. 눈으로 대강 읽고 머리로 진리를 취할 수는 없습니다. 당신 속의 깊은 곳에서 말씀을 받아야 합니다. 이 말씀이 말 그대로 내면에 뿌리를 내릴 때까지 묵상해야 합니다. 그러면 초자연적으로 생산을 시작할 것입니다.

이 비유에서 예수님은 하나님의 나라가 씨를 땅에 뿌리는 사람과 같다고 하셨습니다. 그는 자고 일어나기를 반복합니다. 시간이 지나야 한다는 뜻이지요. 당신도 인내를 발휘해야 합니다.

믿음으로 행하기

땅에 씨를 심고 어떻게 되고 있나 보려고 매일 파본다면 결국 씨를 죽이게 되는 꼴입니다. 씨는 땅속에서 어느 정도의 시간을 그냥 가만히 있어야 합니다. 즉 믿음이 있어야 합니다. 농부들이 믿음이란 용어를 사용하진 않겠지만 사실입니다. 씨를 심은 사람은 씨가 싹을 틔워 뿌리를 내리고 열매 맺을 것을 믿어야만 합니다. 믿음으로 씨를 내버려 두면 시간이 감에 따라 그 씨는 생산을 시작합니다.

하나님의 말씀도 그렇습니다. 약속을 취해 심고 나서 바로 수확할 수는 없습니다. 베드로전서 2장 24절을 처음 듣고는 "그분이 채찍에 맞으심으로 나는 나았다. 예수님의 이름으로 선포한다."라고 말하고 나서 30분 뒤에 아무 일도 없다고 해서 "음, 낫지 않았네." 하면서 그 씨를 파보면 안 됩니다. 그런 뒤 다음날도 가서 또 파봅니다. 그것은 말씀에 거하고 말씀이 당신 안에 거하게 하는 것이 아닙니다(요 15:5).

말씀이 자신의 일부가 되는 데에 이르러야 합니다. 잠깐 말씀을 공부하고서는 하루 종일 그 말씀과 반대되는 삶을 사는 것은 말씀을 품는 것이 아닙니다. 저는 일정 시간을 내어 큐티를 하거나 기도시간을 갖는 것 자체를 반대하는 것은 아니지만 사실, 주님과 말씀에 하루 종일 집중해야 할 필요가 있습니다. 당신이 만약 10~20분 동안의 큐티 시간에는 상냥하고 친절한 모드로 하나님의 음성을 듣다가 그것이 끝나고 나면 직장이나 사람들과의 관계에서는 세상 사람들과 다를 바 없이 악독하고, 분노하고, 잔인한 모드로 돌아간다면 그 큐티 시간은 당신에게 어떠한 유익도 없는 것입니다. 큐티 시간에 말씀을 심었을지 모르지만 다시 그 말씀을 파내버린 것입니다. 당신 안에서 역사하고 있지 않다는 말입니다. 말씀이 마음에 머물지 않기에 열매 맺는 모습을 볼 수 없을 것입니다. 그것으로는 안 됩니다.

그날 큐티 시간에 잠깐 본 하나님의 말씀이 갑자기 그날의 당신의 행동을 바꾸지는 못합니다. 사람들을 사랑하는 것에 대한 진리의 말씀(요 13:34-35), 다른 쪽 뺨을 내어 주는 것에 대한 말씀(마 5:39), 그리고 자기보다 다른 사람들을 낫게 여기는 것에 대한 말씀(빌 2:3) 등을 취해서 어느 정도의 시간 마음에 품어야 합니다. 그리고 누군가 당신을 언짢게 할 때마다 그 말씀들이 계속적으로 당신에게 영향을 줄 수 있도록 믿음으로 행해야 합니다. 말씀이 그 능력을 풀어놓아 당신의 삶에 영향을 미치도록 당신이 말씀 안에 거해야 하고 말씀이 당신 안에 거하게 해야 합니다.

그럼에도 불구하고 많은 사람들이 교회에 가고, 기도를 받고, 모든 것을 다 시도하지만 하나님의 말씀을 취해 묵상하는 것은 안 합니다. 그러면서 왜 원하는 결과를 얻지 못하는지 의아해 합니다. 이는 너무 간단한 진리라서 누군가가 오해하도록 도와주지 않으면 오해하기도 어렵습니다. 당신이 하나님의 말씀을 취해서 마음에 심고 간직하면서 묵상한다면 그것은 반드시 열매를 맺습니다.

완전한 표출

마가복음 4장 29절입니다.

땅이 스스로 열매를 맺되 처음에는 싹이요 다음에는 이삭이요 그 다음에는 이삭에 충실한 곡식이라 하나님의 말씀이 역사하는 데에는 시간이 걸리며 처음부터 완전한 열매가 나타나지는 않습니다. 처음에는 싹, 그리고 이삭, 그리고 충실한 곡식을 얻습니다. 다른 말로 하자면 성장에는 과정이 있다는 말입니다. 땅에 씨를 심었을 때 씨가 그 속에서 한 주 또는 한 달간 가만히 있다가 갑자기 '짠!' 하고 완전히 자란 나무가 땅에서 불쑥 나오는 것이 아닙니다. 성장에는 과정이 있습니다. 처음에는 땅속에서 아주 작은 싹이 나오는 모습을 볼 것입니다. 그러고는 성장하여 모습을 갖춰갑니다. 물리적 영역에서 이렇게 역사한다는 것은 다들 알지만 영적인 영역에서도 이렇게 역사한다는 것은 많이들 모릅니다.

하나님의 말씀에 시간을 내 본 적이 거의 없는 사람들이 항상 저에게 와서 질문합니다. 그들은 말씀이 어떻게 역사하는지에 대한 저의 설교를 들었거나 하나님이 저를 자유케 하시고 사람들을 치유하시며 죽은 자가 살아나는 놀라운 간증을 들은 사람들입니다. 그들이 묻습니다. "어떤 구절이 그런 약속을 줍니까?" 제가 그들에게 씨를 주고 그들은 그것을 심지만 그 다음 날로 제가 묘사한 결과를 얻지 못하면 이렇게 말합니다. "그런 일은 없습니다. 말씀은 역사하지 않아요. 당신이 한 것과 똑같이 했지만 저에게는 역사하지 않았습니다."

제가 주님과 동행한 지 이제 40년이 넘었다는 것을 아셔야 합니다. 주님을 만나고 하나님께서 저를 부르시고 역사가 일어나기 시작한 지 벌써 40년이 되었다는 말입니다. 제가 주님을 묵상하고 찾으며 보낸 시간은 상당히 깁니다. 그러나 그때는 제가 오늘날 경험하는 그런 결과는 경험하지 못했었습니다.

지름길은 없습니다

　오늘날 앤드류 워맥 미니스트리가 돌아가는 데만 한 달에 약 2백만 달러(한화 약 21억)가 들어갑니다. 처음부터 이렇게 시작한 것은 아닙니다. 아내와 제가 처음 사례를 받았던 때도 기억나고 그때 우리가 기도했던 액수도 기억이 납니다. 당시 한 달에 250달러를 위해 기도했었습니다. 그때는 그 돈이면 집세와 관리비를 내고도 75달러 정도 헌금할 수 있었습니다. 저희가 한 달에 필요한 재정이 총 그 정도였습니다.

　지금 우리가 사역하고 있는 콜로라도 스프링스 주에 있는 매니튜 스프링스로 이사 간 후에 앤드류 워맥 미니스트리가 시작되었고 그때부터 저희는 순회 사역을 시작했습니다. 그때는 한 달에 3천 달러를 위해 기도했습니다. 그 액수면 우리 직원들에게 모두 월급을 지급하고, 건물 임대료를 내고, 카세트 테이프를 살 수 있었고 나머지 필요한 모든 경비를 댈 수 있었습니다. 성장하는 과정이 있었다는 것을 말하는 것입니다. 제가 가끔 우리 사역이 돌아가는 데만 한 달에 몇 백만 달러가 든다고 하면, 사람들은 '나도 그 구절들을 취해서 시도해 봐야지.' 라고 생각합니다. 그리고 그 다음 주로 그 말씀이 역사하지 않으면 바로 이렇게 비꼬아 말합니다. "이 치유와 번영 신학, 선포기도를 하고 취하는 것은 역사하지 않아." 성장에는 과정이 있다는 것을 이해하지 못하기에 비난을 하는 것입니다. 제 삶의 성장에도 과정이 있었고 당신의 삶에도 성장하는 과정이 있을 것입니다.

바로 뛰어들고 싶은 마음에 이 진리가 듣기 싫을 수도 있습니다. 과정을 뛰어 넘어 바로 완전히 성숙한 단계로 가고 싶을 것입니다. 원하는 것은 자유지요. 하나님께 기도하고 간구하실 수도 있겠지요. 수천 명의 중보기도자를 모아서 기도를 부탁할 수도 있겠지만 소용없습니다. 과정을 뛰어 넘을 수는 없습니다. 처음에는 싹, 그리고 이삭, 그리고 충실한 곡식입니다. 이것이 하나님의 말씀이 역사하는 방법입니다. 지름길은 없습니다.

제가 믿기로는, 얼마나 하나님을 추구하느냐에 따라 조금은 속도를 높일 수는 있겠지만 그래도 여전히 단계가 있고 성장의 과정이 있다고 믿습니다. 어느 정도는 속도를 낼 수 있지만 과정을 생략할 수는 없습니다. 하나님의 말씀이 당신의 삶에서 한 번도 역사한 적이 없는 단계에서 백 배의 결실을 거두는 단계로 바로 갈 수 없습니다. 처음에는 싹, 그리고 이삭, 그리고 충실한 곡식입니다.

저희 학교 학생 중에 아주 귀한 형제가 있었습니다. 좋은 마음을 가진 형제였는데 인생의 거의 대부분을 정신병원에서 보냈고 많은 문제를 가지고 있었습니다. 그 형제는 사회에 적응하는 방법을 전혀 몰랐습니다. 그래서 제가 하나님의 말씀을 통해 그가 변화될 수 있다는 것을 보기 위해 그와 함께 제자훈련을 시작했습니다. 저는 많은 것을 가르쳤고 그는 재정의 형통에 대해 진심으로 깨닫는 것 같아 보였습니다. 꿈을 크게 꾸기 시작했습니다.

어느 날 그 형제는 한 가지 계획을 저에게 가지고 왔습니다. 화재로 인해 부분적으로 타버렸지만 방이 백 개도 넘는 오래된 호텔이 하나 있는데 그 호텔을 사서 수리하여 CBC 기숙사로 쓰자는 것이었습니다. 그 형제는 그 호텔에 대해 자세한 조사도 한 상태였습니다. 그는 비용을 계산해서 건물을 사는 데는 얼마가 들며, 대출은 얼마를 받아야 하는지, 그렇게 하면 한 달에 얼마를 갚아야 하는지, 그리고 기숙사 운영비로 얼마를 벌어들일 수 있는지를 다 알아보았습니다. 그의 계획은 세심하게 세워져 있었고 제가 그것에 대해 어떻게 생각하는지 알고 싶어 했습니다.

저는 그가 형통할 수 있다고 생각하게 된 것과 하나님을 의지하여 더 큰 것을 믿기 시작한 것에 대해 정말 기쁘게 생각한다고 말해 주었습니다. 그러나 이것은 그 당시의 그를 향한 하나님의 뜻은 아니라고 말해 주었습니다. 그는 너무나 낙심하여 그의 계획이 어디가 잘못되었는지 물었습니다.

그는 정부에서 지급하는 돈에 의지하여 평생을 살았습니다. 저희 학교에도 정부에서 지원하는 돈으로 입학했습니다. 평생 하루도 일해 본 적이 없었습니다. 1달러도 벌어 본 적이 없었던 것입니다. 이 비유에 근거해서 볼 때, 중간 과정 없이 씨에서 바로 추수로 뛰어 넘는 경우는 없습니다. 자동차가 0km로 달리다가 갑자기 100km로 달릴 수는 없는 것입니다. 그것은 속도를 높이는 것이 아니라 차가 고장난 것입니다.

그래서 바른 방향으로 가고 있는 것에 대해서는 칭찬을 해 주었지만 1달러의 수입을 믿어 본 적이 없는데 수백만 달러의 수입을 믿을 수 없다고 분명히 말해 주었습니다. 그가 직업을 가지고 먼저 작은 일에 충성되어 본 적이 없는 상태로 그 큰 호텔을 경영할 수는 없었습니다. 그 후 그는 졸업도 했고 직업을 얻어 독립도 했습니다. 아직 목적지에 도착하지는 못했지만 출발은 한 것입니다.

모든 과정에는 파종하고 나서 시간이 흐른 뒤에 추수가 있다는 것을 반드시 기억해야 합니다. 추수하기까지 시간이 필요합니다. 그리고 그 시간은 당신의 친구이지 원수가 아닙니다.

19장

생명과 능력

하나님 말씀의 엄청난 능력에 관해 강조한 씨 뿌리는 자의 비유를 포함하여 하나님의 나라에 관한 열 가지 비유를 예수님께서 가르치셨던 바로 그날, 주님은 제자들에게 배를 타고 반대편으로 가자고 말씀하셨습니다.

그 날 저물 때에 제자들에게 이르시되 우리가 저편으로 건너가자 하시니 그들이 무리를 떠나 예수를 배에 계신 그대로 모시고 가매 다른 배들도 함께 하더니 큰 광풍이 일어나며 물결이 배에 부딪쳐 들어와 배에 가득하게 되었더라 예수께서는 고물에서 베개를 베고 주무시더니 제자들이 깨우며 이르되 선생님이여 우리가 죽게 된 것을 돌보지 아니하시나이까 하니 예수께서 깨어 바람을 꾸짖으시며 바다더러 이르시되 잠잠하라 고요하라 하시니 바람이 그치고 아주 잔잔하여지더라 이에 제자들에게 이르시되 어찌하여 이렇게 무서워하느냐 너희가 어찌 믿음이 없느냐 하시니 그들이 심히 두려워하여 서로 말하되 그가 누구이기에 바람과 바다도 순종하는가 하였더라   막 4:35-41

이 일이 있기 전에 예수님께서 제자들에게 하나님의 말씀은 씨와 같다는 것에 대해 가르치셨던 것을 기억하십시오. 이 씨는 마음에 심는 것입니다. 그 씨는 하나님의 생명을 그 안에 담고 있기에 생명을 얻기 위해 다른 곳으로 갈 필요가 없습니다. 마당에 나무를 하나 갖기 원한다면 나무를 구할 필요가 없습니다. 씨만 하나 심으면 그 씨가 나무가 될 것입니다. 그 씨 안에 생명이 있기 때문입니다.

창조주께서 하신 말씀

그날 예수님은 여러 가지 방향에서 이 진리들을 가르치셨습니다. 그리고 같은 날 35절에서 "반대편으로 가자."고 말씀하셨습니다. 예수님께서 하고 계신 일이 파악이 되십니까? 예수님은 사람이 되신 하나님의 말씀이셨습니다. 그리고 그분이 조금 전까지 그 말씀의 능력에 대해 얘기하셨습니다. 그러니 '반대편으로 가자' 고 하시며 예수님께서 하신 일이 무엇일까요? 제자들에게 씨를 주신 것입니다. 그들에게 말씀을 주신 것이지요.
예수님이 말씀하십니다.

우리가 저편으로 건너가자 　　　　　막 4:35

예수님께서 제자들에게 "자, 배를 타고 반쯤 가서 배와 함께 가라앉자. 배를 타서 태풍으로 인해 압도당하자. 반대편에는 절대 도착하지 못할 거야."라고 말씀하지 않으셨습니다. 그렇게 하시지 않고 말씀을 주셨습니다.

이 분이 바로 갈릴리 바다를 창조하신 분입니다. 하늘과 땅을 창조하시고 자연의 영역에 있는 모든 것과 지금 제자들과 예수님을 거슬러 다가오는 태풍조차도 창조하신 분입니다. 그 창조주께서 말씀하십니다. "우리가 배를 타고 반대편으로 가자." 주님이 그들에게 씨를 주십니다. 예수님께서 그들에게 말씀을 주시고 배 뒤편으로 가셔서 잠이 드셨습니다.

그분이 잠드셨을 때 큰 광풍이 불어왔습니다. 또한 파도가 배를 때렸고 배는 물로 가득 찼습니다. 이 배는 큰 함선도 아니고 갑판 아래 따스한 방이 있는 선박도 아닙니다. 그냥 작은 배입니다.

사실 저도 '예수님의 배'라고 불리는 배를 타고 갈릴리를 여행한 적이 있습니다. 진짜 예수님이 타셨던 바로 그 배는 아니지만 그 시절에 고기잡이배로 쓰였던 것과 똑같은 모양으로 만든 배라고 했습니다. 그 배에는 30명 정도 있었습니다. 완전히 오픈된 배였습니다. 갑판 아래에는 아무것도 없었습니다. 만약 예수님이 그 배 뒤편에서 주무시고 계셨다면, 예수님 주변도 물로 가득했을 것입니다. 예수님도 무슨 일이 벌어지고 있는지 알고 계셨다는 얘기입니다. 그런데도 예수님은 일어나서 상황을 정리하시는 대신 그냥 계속 잠들어 계셨습니다. 참으로 놀라운 일입니다!

하나님은 결코 당신의 문제가 아닙니다

제자들이 이 문제를 어떻게 예수님께 말씀드렸는지 한번 봅시다.

> 예수께서는 고물에서 베개를 베고 주무시더니 제자들이 깨우며 이르되 선생님이여 우리가 죽게 된 것을 돌보지 아니하시나이까 하니
> 막 4:38

제자들 뿐 아니라 오늘날 모든 사람들이 이렇게 했을 것입니다. 당신에게는 문제가 생겼고 의사는 이제 살 날이 얼마 남지 않았다고 합니다. 은행에서는 집이 저당 잡힐 것이라고 합니다. 당신의 배우자는 이혼하자고 합니다. 누군가 이런 나쁜 소식을 전하니 갑자기 낙심합니다. 이 광풍이 불어오자 우리는 주님께 이렇게 말합니다. "하나님, 저를 사랑하신다더니 왜 저를 안 도와주시나요? 제가 망하게 생겼는데 저를 돌아보지 않으십니까?" 우리는 마치 이 문제가 하나님 잘못인 양, 모든 것을 그분께 떠넘깁니다. 이 광풍을 보낸 것은 하나님이 아니십니다.

종교는 '하나님의 주권'이라는 말로 사람들에게 엄청난 혼란을 가져왔습니다. 그들은 말합니다. "하나님이 당신에게 질병과 가난과 이혼과 그 외에 모든 문제를 주신 분이십니다." 그렇지 않습니다. 마가복음 4장의 문제는 하나님께서 일으키신 것이 아닙니다. 주님은 모든 것을 통제하지 않으십니다.

물론, 예수님께서는 그 광풍을 처리할 능력과 권세가 있으십니다. 그래서 그분은 그 능력을 사용하셨고 바람을 꾸짖으시며 "잠잠하라"고 명하셨습니다. 주님께 능력이 있으시지만 당신의 삶에 찾아오는 모든 문제가 하나님이 보내신 것은 아닙니다. 그 문제를 만드신 분은 하나님이 아니십니다. 그래서 우리가 "하나님, 당신이 하신 일인가요?"라고 묻는 것은 잘못된 것입니다. 그것은 주님께 불법과 잘못을 뒤집어씌우는 일이기에 그런 일은 하시면 안 됩니다. 하나님은 좋으신 하나님이십니다. 그분은 당신의 문제를 만들어 내신 분이 아니십니다. "왜 저를 치유하지 않으십니까?"라든지 "그 사람을 왜 죽게 하셨나요?"라며 하나님을 원망하지 마십시오. 하나님은 절대, 절대 당신의 문제가 아닙니다.

배 안에 있던 제자들도 마찬가지입니다. "주님, 일어나세요! 우리가 죽게 된 걸 돌아보지 않으십니까? 바가지를 가져다가 물을 퍼내세요. 노를 저으세요. 뭐라도 해서 우릴 도와주세요. 주님은 해야 할 일을 하지 않으시네요. 우리가 아니었으면 벌써 가라앉았을 것입니다. 도대체 하신 일이 뭡니까?" 오늘날 사람들이 주님께

하는 말과 아주 비슷합니다. "왜 저를 치유하지 않으시나요? 저는 기도도 했고 이런저런 일을 다 했는데 당신은 해야 할 일을 안 하시네요. 저를 신경도 안 쓰십니까?" 사실 예수님께서는 그분이 해야 할 일을 이미 하셨습니다. 그것은 제자들에게 말씀을 주신 일입니다. 그 말씀을 취해 그것을 믿고 선포함으로 그 안에 있는 생명을 풀어놓는 것은 제자들에게 달려있는 일입니다. 그러나 그들은 그렇게 하지 않았습니다.

꾸지람을 듣다

오늘날 우리도 마찬가지입니다. 사람들은 주님께 치유해 달라고 기도합니다. "오 주님, 왜 그러십니까? 저를 사랑하지 않으시나요? 의사가 한 말을 못 들으셨어요? 제발 저를 좀 고쳐주세요." 우리는 그분께 이미 상속받은 아들로서 다가가지 않고 구걸하는 자로 다가갑니다. 법적으로 우리의 것을 주장하며 나아가지 않고 그분이 하실 수는 있으나 하지 않으셨다고 생각하는 일을 구걸하며 나아갑니다. 하나님은 그분의 일을 이미 하셨는데도 불구하고 우리는 이 문제가 하나님의 책임이며 그분이 내 문제를 해결해야 한다고 생각합니다. 주님은 우리 문제의 해답으로 자라게 될 그분의 말씀을 씨로 주셨습니다. 그 안에 생명을 품은 말씀을 주셨습니다. 당신이 할 일은 그 말씀을 취해서 그 위에 굳건히

서고 하나님의 말씀인 그 씨 안에 있는 생명을 풀어놓기만 하면 되는 것입니다.

이 제자들의 모습은 오늘날 그리스도의 몸인 교회를 대표하고 있습니다. 그들은 울며불며 말합니다. "주님 저를 신경도 안 쓰십니까? 왜 아무 일도 안 하시는 것입니까? 제발 저에게 역사해 주세요!" 그들은 구걸하고 떼를 쓰며 하나님의 선하심을 의심합니다. 이 제자들도 슬퍼하고 신음하며 불평불만을 털어 놓습니다. 그들이 예수님을 깨웠을 때 주님이 뭐라고 하시는지 보십시오. 바람을 꾸짖고, 물결에 평안을 명하시고, 제자들에게 돌이켜 이렇게 물으십니다.

> 어찌하여 이렇게 무서워하느냐 너희가 어찌 믿음이 없느냐
>
> 막 4:40

예수님께서는 "얘들아, 미안하다. 내가 너무 피곤해서 잠 좀 자려고 했다. 내 잘못이구나. 내가 너희들을 이 지경으로 끌고 왔구나. 일어나서 상황을 정리하지 못한 점 사과한다."라고 말씀하지 않으셨습니다. 그런 말은 안하셨지요. 예수님은 그들을 달래지 않으셨습니다. 거기 앉아 그들이 당황해하고 불평불만 하는 것을 인정해주지 않으셨습니다. 대신 주님은 이렇게 물으셨습니다. "왜 그렇게 무서워하느냐? 어째서 그렇게 믿음이 없느냐?" 주님은 그들의 육신적인 모습에 화를 내셨고 그들의

의심에 실망하셨습니다. 그분의 이러한 말씀을 통해 예수님은 제자들의 능력 없는 모습을 그냥 넘어가지 않으셨음을 알 수 있습니다.

제자들이 할 수 있는 일이 없었는데도 예수님께서 그들을 비판하신 것이라면 예수님이 부당하게 행하신 것이 됩니다. 이 상황이 단지 제자들은 주님을 깨웠고 주님은 상황을 해결하신 이야기라면 예수님은 "얘들아, 미안해. 내가 진작 일어나서 너희를 도왔어야 했는데."라고 사과를 하셔야 할 상황입니다. 그러나 주님은 그렇게 반응하지 않으셨습니다. 대신, 예수님은 "왜 그렇게 두려워하느냐?"고 그들을 꾸짖으셨습니다.

제자들도 이렇게 대답할 수도 있었습니다. "우리가 지금 물에 빠질 것이 뻔한데 어떻게 두려워하지 않을 수 있단 말입니까?"

이 사건 전에 하루 종일 예수님께서 가르치신 것을 제자들이 이해했더라면 그들이 이 광풍을 해결할 수 있었을 것입니다. 예수님께서는 방금 전에 하나님의 나라에 대한 열 개의 비유를 주셨습니다. 하나님 말씀이라는 씨는 능력과 생명을 가졌다고 일러주셨습니다. 예수께서 "반대편으로 가자"고 하셨을 때, 주님은 그들에게 씨를 주신 것입니다. 그분의 말씀인 약속을 주신 것입니다. 그들이 그것을 조금이라도 이해했다면 그 말씀을 취해 그 위에 섰을 것입니다. 그들의 권세를 취해서 배에게 반대편으로 가라고 명했을 것입니다. 바람을 꾸짖고 파도를 멈추게 했을 것입니다. 예수님께서는 그들의 능력 없음을 그냥 넘어가지 않으셨습니다. "얘들아, 이보다는 더 잘해야 하지 않느냐?"고 꾸짖은 것입니다.

양날 선 날카로운 검

형제자매 여러분, 우리도 이보다는 더 잘해야 합니다! 그리스도의 몸인 교회가 하나님께 울며불며 도움을 청하면서 왜 하나님은 그분의 능력을 베풀지 않으시는지 의아해하고 있습니다. "하나님, 왜 그러십니까?"라고 합니다. 그래서 그들은 수천수백의 사람들을 모아 하나님을 움직이기 위해 중보기도를 합니다. 하나님의 팔을 비틀고 하나님께 더욱 강요를 해서 부흥을 주시고 치유를 하시도록 말입니다. 그것은 하나님을 거스르는 짓입니다!

"오, 하나님, 성령을 부어 주시옵소서. 오, 하나님, 이 나라를 긍휼이 여겨 주시옵소서. 우리를 심판하지 마시옵소서!"라고 기도하는 것은 하나님께 불쾌한 것입니다. 주님은 이미 성령을 부어주셨고 이 나라를 긍휼히 여기십니다. 사실, 하나님께서는 전 세계를 긍휼히 여기셔서 십자가에 달리신 그분의 아들에게 심판을 부으셨습니다. 예수님께서 이미 온전히 값을 지불하셨습니다. 우리가 이 나라에 넘치는 부흥을 보지 못하고 있는 이유는 하나님께서 그분의 영을 부어주지 않으셔서가 아니라 하나님의 사람들이 하나님이 하라고 하신 일을 하지 않고 있기 때문입니다.

그들은 하나님께서 우리에게 하라고 명하신 그 일을 그분께 해달라고 간구하고 있습니다. 그분은 우리에게 가서 복음을 전하고 그분의 말씀을 가르치라고 명하셨습니다(막 16:15, 마 28:18-20). 우리에게 아픈 자들을 치유하라고 명하셨습니다. 이 땅에 그분의 나라를 확장하라고 명하셨습니다(눅 19:13). 그것이 예수님께서 우리에게 주신 말씀입니다. 생명은 그 씨 안에 있는데, 우리는 그 씨를 심지 않고 있습니다. 우리는 그 말씀이 뿌리를 내려 성장하여 열매를 맺도록 그 씨를 마음에 심는 시간을 가지려 하지 않고 마음에 품고 묵상하려 하지 않습니다. 예, 그것은 일입니다! 자고 있는 자는 하나님이 아니라 우리입니다. 그리스도의 몸인 교회는 그분이 명하신 일을 하지 않고 있습니다. 우리는 그 일을 하나님께서 하시라고 간구하고 있으나 그렇게 되지는 않을 것입니다.

하나님의 능력을 보기 원하십니까? 당신의 삶에 변화가 나타나는 모습을 보기 원하십니까? 하나님은 그분의 말씀을 선포하셨습니다. 그 말씀으로 그분의 생명과 능력을 풀어놓으셨습니다. 하나님으로부터 오는 모든 말씀은 믿음으로 가득 차 있으며 모든 것을 변화시킬 능력이 있습니다. 계시록 19장 15절은, 주님께서 마지막 때에 다시 오시면 예리한 검이 그 입에서 나와 만국을 칠 것이라고 합니다. 그 검은 실제 칼이 아니라 하나님의 말씀을 예표한다고 저는 생각합니다.

그 동일한 말씀

> 하나님의 말씀은 살아 있고 활력이 있어 좌우에 날선 어떤 검보다도 예리하여 혼과 영과 및 관절과 골수를 찔러 쪼개기까지 하며 또 마음의 생각과 뜻을 판단하나니   히 4:12

하나님은 그 입으로부터 말씀을 선포하실 것이고 그 말씀은 그 안에 많은 생명을 가지고 있을 것입니다. 하나님의 그 말씀은 우주 역사상 가장 큰 능력을 보일 것인데, 바로 그 동일한 말씀을 우리에게 주셨습니다. 주님은 그때, 그분의 말씀으로 원수를 파괴하며 모든 것을 정리하실 것입니다. 그와 동일한 말씀을 지금 우리가 가지고 있습니다.

하늘에서 나무가 떨어지기를 바라지 말고 하나님께서 주신 씨를 취해서 심고 시간을 좀 가지십시오. 원하는 나무는 어떤 것이라도 키울 수 있습니다. 하늘에서 기적이 떨어지기를 바라지 말고 하나님의 말씀을 취해 그 씨를 마음에 심고 자라게 하십시오. 그렇게 하면 초자연적인 생명과 하나님의 기적적인 능력이 바로 당신 안에서 나올 것입니다!

제가 이 책을 통해 당신 안에 심은 하나님 말씀의 씨는 기운이 막히지 않고 백 배의 결실을 맺으리라고 저는 믿습니다. 아멘! 그렇게 될 지어다!

> 은혜로 하나님은
> 구원에 필요한 모든 것을
> 이미 완성하셨습니다.
> 당신의 일은
> 믿고 받아들이는 것입니다.

예수님을 구주로 영접하는 기도

예수 그리스도를 구세주로 영접하는 선택은 우리가 평생 내리는 결정 중에 가장 중요한 결정입니다!

하나님의 말씀은 이렇게 약속하고 있습니다. "네가 만일 네 입으로 예수를 주로 시인하며 또 하나님께서 그를 죽은 자 가운데서 살리신 것을 네 마음에 믿으면 구원을 받으리라 사람이 마음으로 믿어 의에 이르고 입으로 시인하여 구원에 이르느니라"(롬 10:9-10) "누구든지 주의 이름을 부르는 자는 구원을 받으리라"(롬 10:13)

하나님께서는 그분의 은혜로, 우리에게 구원을 주시기 위한 모든 일을 이미 다 마무리 해놓으셨습니다. 이제 우리의 할 일은 단지 믿고 받아들이는 것뿐입니다.

이렇게 소리 내어 기도하십시오. "예수님, 예수님이 나의 주님이시며 나의 구원자이심을 고백합니다. 나는 내 마음으로 하나님께서 예수님을 죽은 자 가운데서 살리신 것을 믿습니다. 하나님의 말씀을 믿음으로, 나는 지금 구원을 받습니다. 저를 구원해 주셔서 감사합니다."

예수 그리스도께 인생을 맡기는 바로 그 순간 그 말씀의 진리가 즉시 영 안으로 들어갑니다. 이제 당신은 거듭났으므로 완전히 새로운 사람이 된 것입니다.

새로운 삶을 얻게 된 것을 진심으로 축하하고 환영합니다!

성령세례를 받는 기도

당신을 사랑하시는 하늘 아버지께서는 하나님의 자녀가 된 당신에게 앞으로 새로운 삶을 사는 데 필요한 초자연적인 능력을 주고 싶어 하십니다.

> 구하는 이마다 받을 것이요 찾는 이는 찾아낼 것이요 두드리는 이에게는 열릴 것이니라 … 하물며 너희 하늘 아버지께서 구하는 자에게 성령을 주시지 않겠느냐 눅 11:10-13b

이제 할 일은 구하고, 믿고, 받는 것뿐입니다!

이렇게 기도하십시오. "아버지, 이 새로운 삶을 살기 위해서는 나에게 하나님의 능력이 필요함을 깨닫습니다. 저를 성령으로 채워 주세요. 이 순간, 나는 믿음으로 성령을 받습니다! 나에게 성령세례를 주시니 감사합니다! 성령님을 저의 삶에 초청합니다. 성령님을 환영합니다!"

축하합니다! 이제 당신은 하나님의 초자연적인 능력으로 충만해졌습니다!

무슨 말인지 모르는 언어가 마음속에서부터 입으로 솟아오를 것입니다(고전 14:14). 그것을 믿음으로 크게 말할 때 하나님의 능력이 안에서부터 흘러나와 당신을 영적으로 세워줄 것입니다(고전 14:4). 이제, 언제 어디서든지 원할 때마다 방언으로 기도할 수 있습니다.

주님을 영접하는 기도를 했을 때, 그리고 주님의 성령을 받기 위해 기도했을 때 무엇을 느꼈든 아니면 아무것도 느끼지 못했든 그것은 전혀 중요하지 않습니다. 받은 줄로 마음에 믿으면 받은 것이라고 하나님의 말씀이 약속합니다. "그러므로 내가 너희에게 말하노니 무엇이든지 기도하고 구하는 것은 받은 줄로 믿으라 그리하면 너희에게 그대로 되리라"(막 11:24). 하나님은 언제나 그분의 말씀을 지키십니다. 그것을 믿으십시오!

저자 소개

1968년 3월 23일 하나님의 초자연적인 사랑을 대면한 뒤, 앤드류 워맥의 삶은 완전히 변화되었습니다. 저명한 교사이자 저자인 앤드류 워맥의 사명은 세상이 하나님을 보는 관점을 바꾸는 것입니다.

그의 비전은 복음을 가능한 널리, 그리고 깊게 전하는 것입니다. 그의 메시지는 TV 프로그램 '복음의 진리Gospel Truth'를 통해 거의 전 세계 인구의 반 이상이 볼 수 있는 상태로 널리 전해지고 있습니다. 또한 콜로라도 우드랜드 파크에 위치해 있는 캐리스 바이블 칼리지Charis Bible College를 통해 깊게 전해지고 있습니다. 1994년 설립된 캐리스는 이제 미국 전역과 전 세계에 분교를 세워가고 있습니다.

앤드류 워맥 목사의 설교 자료는 책과 음원, 그리고 영상으로 제작되어 있으며 앤드류 워맥 미니스트리 홈페이지에 무료로 제공되어 있습니다.

연락처
앤드류 워맥 미니스트리 Andrew Wommack Ministries
홈페이지 www.awmi.net
이메일 info@awmi.net
719-635-1111

캐리스 바이블 칼리지 Charis Bible College
홈페이지 www.charisbiblecollege.org
이메일 admissions@awmcharis.com
844-360-9577

믿음의말씀사 출판물

구입문의 : 031-8005-5483 http://faithbook.kr

■ 케네스 해긴의 「믿음 도서관」 책들
- 새로운 탄생
- 재정 분야의 순종
- 나는 지옥에 갔다 왔습니다
- 하나님의 처방약
- 더 좋은 언약
- 예수의 보배로운 피
- 하나님을 탓하지 마십시오
- 네 주장을 변론하라
- 셀 모임에서 성령인도 받기
- 안수
- 치유를 유지하는 법
- 사랑은 결코 실패하지 않습니다
- 하나님께서 내게 가르쳐 주신 형통의 계시
- 왜 능력 아래 쓰러지는가?
- 다가오는 회복
- 잊어버리는 법을 배우기
- 위대한 세 단어
- 하나님의 은사와 부르심
- 그 이름은 "놀라우신 분"
- 우리에게 속한 것을 알기
- 성령을 받는 성경적인 방법
- 하나님의 영광
- 은혜 안에서의 성장을 방해하는 다섯 가지
- 사랑 가운데 걷는 법
- 바울의 계시: 화해의 복음
- 당신은 당신이 말하는 것을 가질 수 있습니다
- 그리스도 안에서
- 말
- 방언기도의 능력을 풀어 놓으라
- 옳은 사고방식 틀린 사고방식
- 속량 – 가난, 질병, 영적 죽음에서 값 주고 되사다
- 네 염려를 주께 맡겨라
- 예언을 분별하는 일곱 단계
- 절망적인 상황을 반전시키기
- 당신의 믿음을 풀어 놓는 법
- 진짜 믿음
- 믿음이란 무엇인가
- 그리스도께서 지금 하고 계시는 일
- 충분하고도 넘치는 하나님 엘 샤다이
- 금식에 관한 상식
- 하나님의 말씀 : 모든 것을 고치는 치료제
- 가족을 섬기는 법
- 조에
- 당신이 알아야 하는 신유에 관한 일곱 가지 원리
- 여성에 관한 질문들
- 인간의 세 가지 본성
- 몸의 치유와 속죄
- 크게 성장하는 믿음
- 하나님 가족의 특권
- 기도의 기술
- 나는 환상을 믿습니다
- 병을 고치는 하나님의 말씀
- 영적 성장
- 신선한 기름부음
- 믿음이 흔들리고 패배한 것 같을 때 승리를 얻는 법
- 믿음의 선한 싸움을 싸우는 법
- 하나님의 계획과 목적과 추구
- 예수 열린 문
- 믿음의 계단
- 당신을 향한 하나님의 계획
- 역사하는 기도
- 기름부음의 이해
- 내주하시는 성령 임하시는 성령
- 재정적인 번영에 대한 성경적 열쇠들
- 어떻게 하나님의 영으로 인도받을 수 있는가?
- 마이더스 터치
- 치유의 기름부음
- 그리스도의 선물
- 방언
- 믿는 자의 권세(생애기념판)
- 믿음의 양식
- 승리하는 교회

■ E. W. 케년
- 십자가에서 보좌까지 무슨 일이 일어났는가?
- 두 가지 의
- 놀라우신 그 이름 예수
- 하나님 아버지와 그분의 가족
- 나의 신분증
- 두 가지 생명
- 새로운 종류의 사랑
- 그분의 임재 안에서
- 속량의 관점에서 본 성경
- 두 가지 지식
- 피의 언약
- 숨은 사람
- 두 가지 믿음
- 새로운 피조물의 실재

■ 스미스 위글스워스
- 스미스 위글스워스의 천국
- 스미스 위글스워스의 매일묵상
- 위글스워스는 이렇게 했다
- 스미스 위글스워스의 능력의 비밀

■ T. L. 오스본
- 행동하는 신자들
- 기적 – 하나님 사랑의 증거
- 새롭게 시작하는 기적 인생

- 좋은 인생
- 성경적인 치유
- 능력으로 역사하는 메시지
- 100개의 신유 진리
- 24 기도 원리 7 기도 우선순위
- 하나님의 큰 그림
- 긍정적 욕망의 힘
- 당신은 하나님의 최고의 작품입니다

■ 잔 오스틴
- 믿음의 말씀 고백기도집
- 하나님의 사랑의 흐름
- 견고한 진 무너뜨리기
- 초자연적인 흐름을 따르는 법
- 당신의 운명을 바꿀 수 있습니다
- 어떻게 하나님의 능력을 풀어놓을 수 있는가?

■ 크리스 오야킬로메
- 여기서 머물지 말라
- 이제 당신이 거듭났으니
- 당신의 인생을 재창조하라
- 이 마차에 함께 타라
- 그리스도 안에 있는 당신의 권리
- 성령님과 당신
- 성령님이 당신 안에서 행하실 일곱 가지
- 성령님이 당신을 위해 행하실 일곱 가지
- 기적을 받고 유지하는 법
- 하나님께서 당신을 방문하실 때
- 올바른 방식으로 기도하기
- 당신의 믿음을 역사하게 하는 법
- 끝없이 샘솟는 기쁨
- 기름과 겉옷
- 약속의 땅
- 하나님의 일곱 영
- 예언
- 시온의 문
- 하늘에서 온 치유
- 효과적으로 기도하는 법
- 어떤 질병도 없이
- 주제별 말씀의 실재
- 마음의 능력

■ 앤드류 워맥
- 당신은 이미 가졌습니다
- 은혜와 믿음의 균형 안에 사는 삶
- 하나님의 참 본성
- 하나님은 당신이 건강하기 원하십니다
- 영·혼·몸
- 전쟁은 끝났습니다
- 믿는 자의 권세
- 새로운 당신과 성령님
- 노력 없이 오는 변화
- 하나님의 충만함 안에 거하는 열쇠
- 더 좋은 기도 방법 한 가지
- 재정의 청지기 직분

- 하나님을 제한하지 마라
- 하나님의 뜻을 발견하고 따라가며 성취하라
- 하나님의 참 본성
- 하나님의 최선 안에 사는 법
- 더 큰 은혜 더 큰 은총
- 리더십의 10가지 핵심요소

■ 기타 「믿음의 말씀」 설교자들
- 성령의 삶 능력의 삶
- 복을 취하는 법
- 주는 자에게 복이 되는 선물
- 믿음으로 사는 삶
- 붉은 줄의 기적
- 당신이 말한 대로 얻게 됩니다
- 예수-치유의 길 건강의 능력
- 성령 안의 내 능력
- 존 G. 레이크의 치유
- 믿음과 고백
- 임재 중심 교회
- 성령충만한 그리스도인의 지침서
- 열정과 끈기
- 제자 만들기
- 어떻게 교회를 배가하는가
- 운명
- 모든 사람을 위한 치유
- 회복된 통치권
- 그렇지 않습니다
- 당신의 자녀를 리더로 훈련하라
- 오순절 운동을 일으킨 하나님의 바람
- 주일 예배를 넘어서
- 신약교회를 찾아서
- 내가 올 때까지
- 매일의 불씨
- 여성의 건강한 자아상

■ 김진호·최순애
- 왕과 제사장
- 새로운 피조물의 실재
- 믿음의 반석
- 새 언약의 기도
- 새로운 피조물 고백기도집(한글판/한영대조판)
- 성령 인도
- 복음의 신조
- 존중하는 삶
- 성경의 세 가지 접근
- 말씀 묵상과 고백
- 그리스도의 교리
- 영혼 구원
- 새로운 피조물
- 믿음의 말씀 운동의 뿌리
- 1인 기업가 마인드
- 내 양을 치라
- 새사람을 입으라